歴史文化ライブラリー

394

東国から読み解く古墳時代

若狭 徹

吉川弘文館

目 次

地域開発と渡来人

首長による地域経営と農業政策

古墳から古墳時代社会へ――プロローグ

1　古墳から古墳時代社会へ

前方後円墳ラッシュ

大阪府と和歌山県を結ぶＪＲ阪和線。その三国ヶ丘駅から百舌鳥《もず》駅までのあいだの右手車窓には、大都会には似つかわしくないうっそうとした森林が広がっている。ただの森ではない。古代の巨大な人工物、前方後円墳である。これが、今から一五〇〇年も前に造られた墳墓だと知ると、その時代の王の権力はいかばかりであったか、誰しも古代に思いを馳せることになるだろう。鉄道でひと駅の間を占めるこの巨大古墳は、大仙《だいせん》古墳――またの名を仁徳陵古墳――である。小山のような墳丘は、現状で長さ四八六㍍、高さ三六㍍。周囲の濠の水面下に隠れた部分を加えれば五〇〇㍍をゆうに超えると推定される日本最大の前方後円墳である。濠は現在三重に巡っているが、もともとは二重の濠の外に外周を画す溝を加えたものであったとみられる。そのさし渡しの長さは八四〇メートル《メートル》におよぶ。

古墳時代には、この大仙古墳を筆頭に大小五〇〇〇〇基内外の前方後円墳が築造された。加えて、円墳など他の墳形の古墳もその数百倍の量が造営されたのである。三世紀中頃から七世紀初めまでのおよそ三五〇年間は、列島中が巨大墳墓づくりに熱中した大土木工事の時代だった。大仙古墳にはおよばないが、大型・中型の前方後円墳は岩手県から鹿児島県まで、列島の広い範囲に造られた。墳頂に神社をいただき、木々で覆われた現在の古墳の姿は、郷土の風景によく溶け込んだ存在となっている。

古墳偏重からの脱却

古墳の埋葬施設には遺体とともに絢爛豪華な品々が納められ、古墳の外表には千本・万本におよぶ埴輪《はにわ》が並べられた。このため古墳時代は、もっとも考古学的遺物が潤沢な時代であるといえる。地域の原風景として、あるいは博物館展示を通じて、古墳やその出土品は、現代のわれわれにも比較的馴染み深い存在となっているのではなかろうか。

そうしたこともあって、古墳時代の研究は、古墳そのものあるいは古墳出土品を中心に行われてきた感が否めない。たとえば甲冑や鉄刀、鉄鏃《てつぞく》の研究などは、たいへん精緻に進められており、埋葬施設の構造研究なども詳細を極めている。

一方、一九七〇年代の高度成長期以降に発掘調査が全国で増加すると、集落、手工業、祭祀、渡来文物など、たち遅れていた古墳以外の分野の研究もようやく進展の兆しをみせてきた。しかし、それでも墳墓中心の研究傾向は、いまだに首座の位置を譲っていない状況にある。

確かに時代の象徴である古墳が語ることはひじょうに多い。けれども古墳時代の首長や民衆は、古墳づくりと並行して旺盛な社会活動を行っていたことを忘れてはならない。農業や漁業にいそしみ、手工業を進展させ、地方と中央を行き交い、海を超え、時には弓や剣をとって戦いが行われた。そして、ムラでは家族の営みがあり、物が往来し、神々に祈りがささげられたのである。

そこで本書では、墳墓のみにとどまらない古墳時代の社会活動を明らかにし、そのシステムや人々の暮らしに接近していくことを目的とする。あわせて、彼・彼女らを束ねた首長の戦略を通じて、なぜ大型の古墳が三五〇年にもわたって造られたのか、その社会的必要性についても目を向けていきたい。

東国・上毛野という地域

ところで、古墳時代を語るために、列島全体を取り扱った古墳時代概説書・研究書はあまた出版されており、筆者もまたそうした著書を執筆したことがある（若狭二〇一三a、佐々木・小杉・朽木・菱田・若狭二〇一二）。しかし、本書では古墳時代のリアルな社会様相を、「実証的かつ立体的」に解明するため、軸となる地域を設定する。筆者がフィールドとする群馬県地域である。

関東平野の内陸に所在するこの地域は、古墳時代のある段階からは「上毛野《かみつけの》」と称され、奈良時代から江戸時代までは「上野《こうずけ》国」と呼ばれた地域である。近世には上野国を略して上州《じょうしゅう》とも呼ばれた。もともとは毛野という呼称があり、そのうち早くに古墳文化が勃興した群馬県地域を「上」毛野、やや遅れて勢力が確立した栃木県中・西部を「下」毛野と称したのである。

群馬県東部の太田市郊外に、太田天神山古墳がある。住宅地の中に、緑の小丘として保全されているこの古墳は、墳長二一〇《メートル》の巨大前方後円墳である。周囲に水田と化した広大な濠を巡らす姿は、東国の覇者にふさわしい威容を誇る。埋葬施設は、大王ならびに特別な大豪族にのみ許された豪奢な長持形石棺《ながもちがたせっかん》であった。

三五〇年におよぶ古墳時代のうち、東日本で墳長二〇〇《メートル》を超えた古墳は、本古墳ただ一基である。全国を見渡しても二〇〇メートル《メートル》超えの前方後円墳を有するのは、奈良県・大阪府・京都府・岡山県・群馬県地域しかない。このように上毛野地域は、古墳時代の大勢力地であり、太田天神山古墳の他にも大型の古墳が時代を通じて数多く築造された。当時、倭《わ》の中枢は、奈良県・大阪府域にまたがる「ヤマト地域」に他ならなかったが、大型古墳の築造動向からみると、南北九州・瀬戸内沿岸の岡山県域（吉備《きび》）・群馬県域がそれにつづく優勢の地だったのである。

加えて、上毛野では西部域にそびえる榛名山《はるなさん》の噴火によって、往時の遺跡群が厚い火山灰の下に埋没しており、広がりと関連をもって古墳時代の社会構造を再現することができる稀有な地域となっている。二〇一二年には、その火砕流に倒れた首長とみられる甲冑着装の男子の遺体が見つかったことは記憶に新しい。火山灰にパックされた広大な遺跡群の研究成果は、日本古墳時代研究の重要なモデルのひとつとなるはずである。

本書では上毛野地域を軸としつつも、王権中枢の動向も併せて紹介しながら筆を進めていく。しかしこの時、中央史観に偏ることなく地方のフィールド研究から日本の古墳時代社会を立体視し、逆に東国から古墳時代の実像を展望することを心掛けたい。これが本書の、他にない特色となるはずである。

古墳時代のムラをあるく

姿をあらわした五・六世紀のムラ

古墳時代の榛名山噴火

東京駅から上越新幹線に揺られること一時間、やがて車窓には、峰々を連ねる榛名山の姿がみえてくる。到着した高崎駅では上越新幹線と北陸新幹線が分岐し、北の新潟県、西の長野県へと山岳を超えたアクセスの窓口となっている。この地が、関東平野と日本海側の結節点であることが自然と理解される瞬間である。

群馬県（上毛野《かみつけの》）地域は、関東平野北西のもっとも奥まった位置にあり、三方を山岳に囲まれている（図1）。県央部を南流する利根川《とねがわ》を境にして県域は西（西毛《せいもう》）と東（東毛《とうもう》）に分かれるが、高崎駅を擁する高崎市はその西毛の中核都市であり、市街地北西に榛名山

図１　古墳時代の倭の有力地域と朝鮮半島ならびに本書で言及する遺跡

がそびえているのである（図２）。榛名山の北東麓の渋川市には、石段街の情緒に定評がある伊香保《いかほ》温泉があり、今日でも豊富な湯量を誇ることから、この山が活火山であることを教えてくれる。その最後の噴火は、古墳時代に発生し、二ツ岳溶岩ドームを形成したことが知られている。

火山灰の堆積状態からみると、古墳時代の榛名山噴火は三回発生したが、大きいものは二回で、最初の噴火が西暦五〇〇年前後、次が半世紀降った六世紀中頃と考えられる。噴火の際には、北東麓か

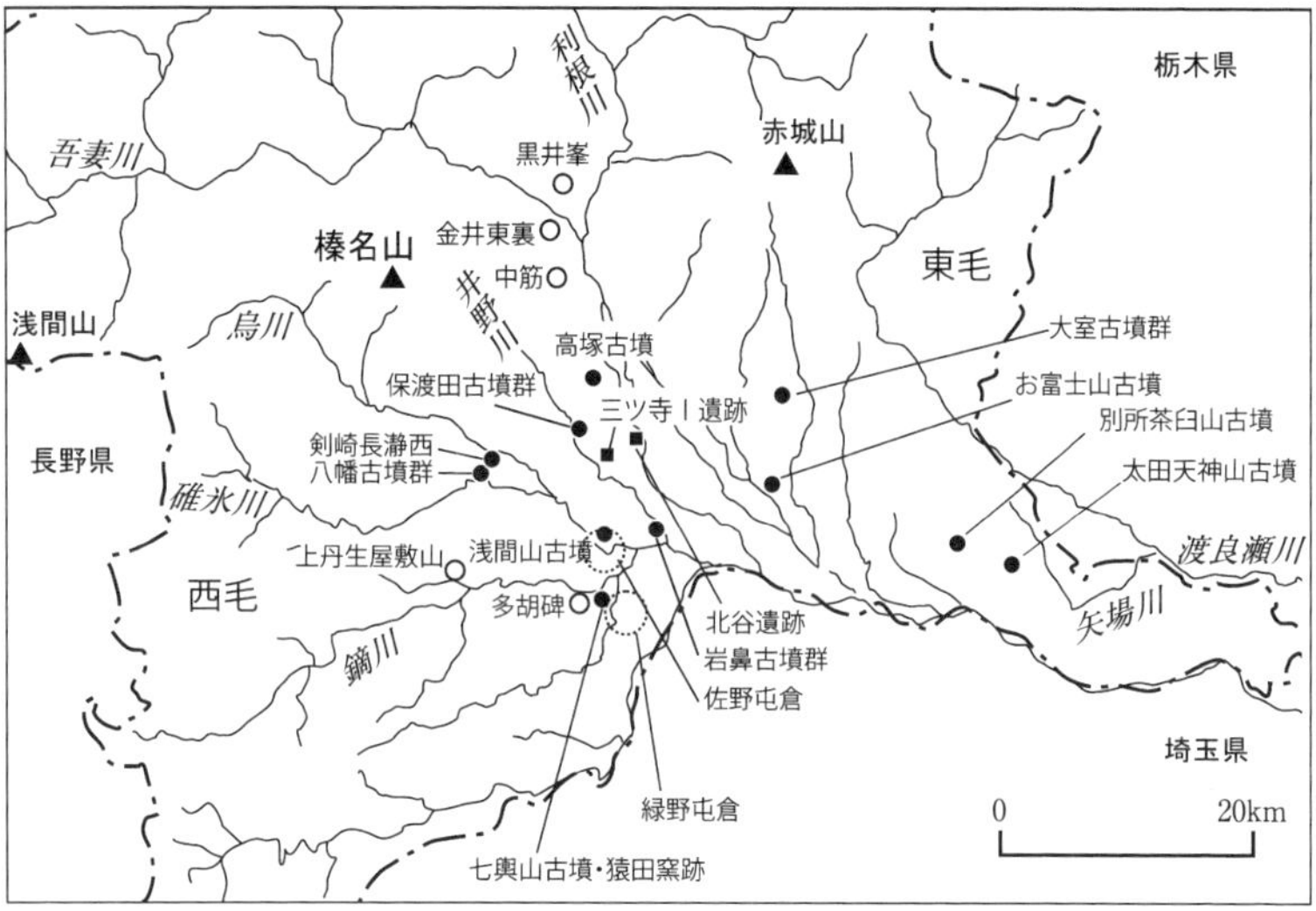

図２　本書で紹介する上毛野の主要遺跡

ら東南麓にかけての広範囲を火砕流や軽石が直撃し、その後には大洪水による泥流が山麓の低地を襲っている（早田一九九三）。その噴出物の一部は、はるか東北地方におよぶほど大規模なものであった。

最初の噴火で発生した一連の火砕流はＨｒ―ＦＡ、二回目の噴火で降下した軽石はＨｒ―ＦＰと呼ばれている。Ｈｒは榛名山、Ｆは二ツ岳、Ａは灰（アッシュ）、Ｐは軽石（パミス）の略称である。他にそれぞれを榛名―渋川テフラ（Ｈｒ―Ｓ）、榛名―伊香保テフラ（Ｈｒ―Ｉ）とする呼称もあるが、ここでは最初に示した名称を用い、Ｈ rを略したうえでFA、FPと称していくことにしたい。

黒井峯遺跡・中筋遺跡の発見

FPの直下から古墳時代の集落跡が見つかり、全国紙にスクープされたのは一九八六年元旦のことだ。榛名山からみて北東にある子持村《こもちむら》（現在は渋川市）の黒井峯《くろいみね》遺跡で、分厚い軽石層の下からこれまで知られていなかった古代のムラがそっくり現れたというのである。のちには、イタリアのベスビオ火山の噴火に埋没した遺跡になぞらえて、日本のポンペイというニックネームが与えられている。

ここは群馬県でも北部にあたり、新潟県境から流れてくる利根川と、西方の長野県境から谷を刻む吾妻川《あがつまがわ》の合流点の北岸に位置する。旧子持地域は純農村地帯であるが、薄い耕土の下には、六世紀中頃に降り積もった軽石が人の背丈よりも厚く堆積している。このため、乾燥土を好むコンニャク芋栽培がさかんに行われてきたが、昭和後半期には、軽石を大規模に鋤き取ってブロックの材料に用い、その後大幅に下がった地表を耕地に再利用しようという農業政策が計画された。

この開発にともなって、一九八二年に最初の発掘調査が行われ、軽石の下に未知の遺跡が眠っていることが判明した。軽石下の古墳時代の旧地表には、竪穴《たてあな》建物のくぼみが多数みられ、前例のない保存状態の良さが確認できたのである。この事態を重視した村では、軽石下の状況を予想するレーダー探査を実施。つづいて、一九八五年から本格的な調査に入っていった。

寒風吹きすさぶなか、二メートルにおよぶ厚さの軽石を取り除くと、直下からは黒々とした古墳時代の地面が現れた。そこには、噴火直前まで行われていた約一五〇〇年前の人々の営みが、まるで昨日のことのように刻印されていたのである。たとえば、今耕したばかりのような畑、土器をうずたかく積んだ祭祀場、人の行動を刻んだ道、これまで知られていなかったスタイルのさまざまな建物跡、それらを囲む柵の痕跡などである（図3）。

軽石層の断面にも、痕跡は残されていた。軽石が積もったのちに、重量に耐えきれず屋根が落ちた建物があった。その構造は、軽石層の乱れとして観察された。火災をおこした建物もあったが、壁は軽石層のなかに炭化物として立ったまま残された。あるいは周囲を覆った軽石に焦げ目として転写されていた。

このように、噴火直前の地表に残された微細な遺構の痕跡や、軽石中に残された情報から古墳時代の集落像がいきいきとよみがえったのである。また、近い時期には北方の隣接地で西組《にしぐみ》遺跡も調査され、黒井峯遺跡と同様の遺跡の存在がひろがりをもって確認されて

図3　黒井峯遺跡調査風景

背後は峰々を連ねる榛名山．噴火で形成された二ツ岳が中央に見える．作業する人々の右手に軽石層の断面，手前に道や畑，平地建物跡が検出されている．

（渋川市教育委員会写真提供）

いる。

翌一九八六年には、吾妻川の対岸の渋川市で、中筋《なかすじ》遺跡が調査された。こちらは、黒井峯遺跡を埋めた噴火より半世紀ほど古いFAで被災した集落である。この時の噴火は激しいマグマ水蒸気爆発でまず火山灰が降り、つづいて火砕流が何回も発生したことがわかっている。本遺跡は噴源から八キロと近いため、火砕流になぎ倒され蒸し焼きとなった建物の部材がパックされるとともに、竪穴建物・平地建物、道や祭祀場、畑などが黒井峯遺跡同様セットで残されていたのである。

中筋遺跡と黒井峯遺跡は、五世紀末から六世紀前半にかけての古墳時代集落像を一変させる存在として、ひろく知られることになった。さらにこの後、二枚の火山噴出物の下から関連した遺構群が次々と発見され、古墳時代社会像を豊かに描く材料となっていくのである。以下では、両遺跡の調査者の所見に学びつつ（石井一九九〇、石井・梅沢一九九四、大塚一九九六他）、古墳時代のムラを探訪し、往時の人々の息吹やその暮らしの実像に触れてみたい。

ムラの構造と単位群

遺跡内で、同時に存在した遺構の関係を証明することは、ほとんどの場合困難である。出土する遺物の型式差から、概ね二〇年ほどの時間幅までは絞り込めるが、ある家とある家が、確実に並存していたかを厳密に論証することはできない。それが可能となるのは、火山災害や洪水で一気に埋もれた遺跡に限られるが、黒井峯遺跡や中筋遺跡はまさしくそのレアケースである。しかも榛名山麓ではそうした条件の遺跡が広く埋没しており、同時存在していた社会様相が面的に判明するという、とてつもない可能性を有しているのである。

これまでの古墳時代集落景観の研究では、竪穴建物が基本要素であり、これに集落で共有される少数の高床《たかゆか》建物（倉庫や祭祀施設）が付随するというイメージが出来上がっていた。しかし、黒井峯遺跡や西組遺跡では、竪穴建物一軒が基本となるのは同じだが、そこに複数の平地建物や高床建物が伴い、柵囲いや広場空間、柵内外の畑、祭場などが組み合わさっていることが判明した。柵で囲まれた建物群はいわゆる世帯に相当するものであるが、ここでは調査者の石井克己にしたがって「単位群」の用語を使おう。

ちなみに竪穴建物は、地面を半地下に掘り下げ、その上に上屋《うわや》を掛けた建築様式としておなじみだろう。竪穴「住居」と呼ぶことが多いが、必ずしもすべてが住まいではないため、ここでは竪穴「建物」と呼んでいく。一方、平地建物は耳新しい用語かもしれない。これは、地面を掘り下げずに床とした建物で、浅く掘った溝や穴に壁や柱を立て、屋根を乗せた簡易な建物である。通常、廃絶後にはその痕跡がすぐさま風化して失われるため、一般の発掘調査では検出できなかったが、黒井峯遺跡では火山噴出物で覆われたため、微細な痕跡が明瞭に残っていたわけだ。その存在が確認できたことにより、古代集落の建物構成はかなり賑やかであったことが判明したのである。

竪穴建物や平地建物などの組み合わせで認識できる「単位群」は一つではなく、黒井峯遺跡では六単位がみられる（図４）。単位群における竪穴建物は一棟が基本だが、それに併設された平地建物の種類や数は各単位ごとにまちまちで、居住する者の規模の違いを反映している（図５）。一例を挙げると最大のⅠ・Ⅵ群には、大型の竪穴建物があり、その右方の柵囲いの内部に平地建物一〇棟（住居四・作業小屋一・家畜小屋五）、高床建物四棟、畑、屋外作業場、樹木、籾殻捨て場、古い建物の窪み（ゴミ捨て場）がみられた。一方、最もコンパクトなⅦ群は、竪穴建物一棟と平地建物六棟、高床建物一棟から成っていた。

各単位は、幅が三〇《セン》内外の道で結ばれているが、黒井峯遺跡の中央を東西と南北に走る幅一《メートル》近い幹線を境にすると、単位はさらに三つの大きな大単位に括られる。幹線は両

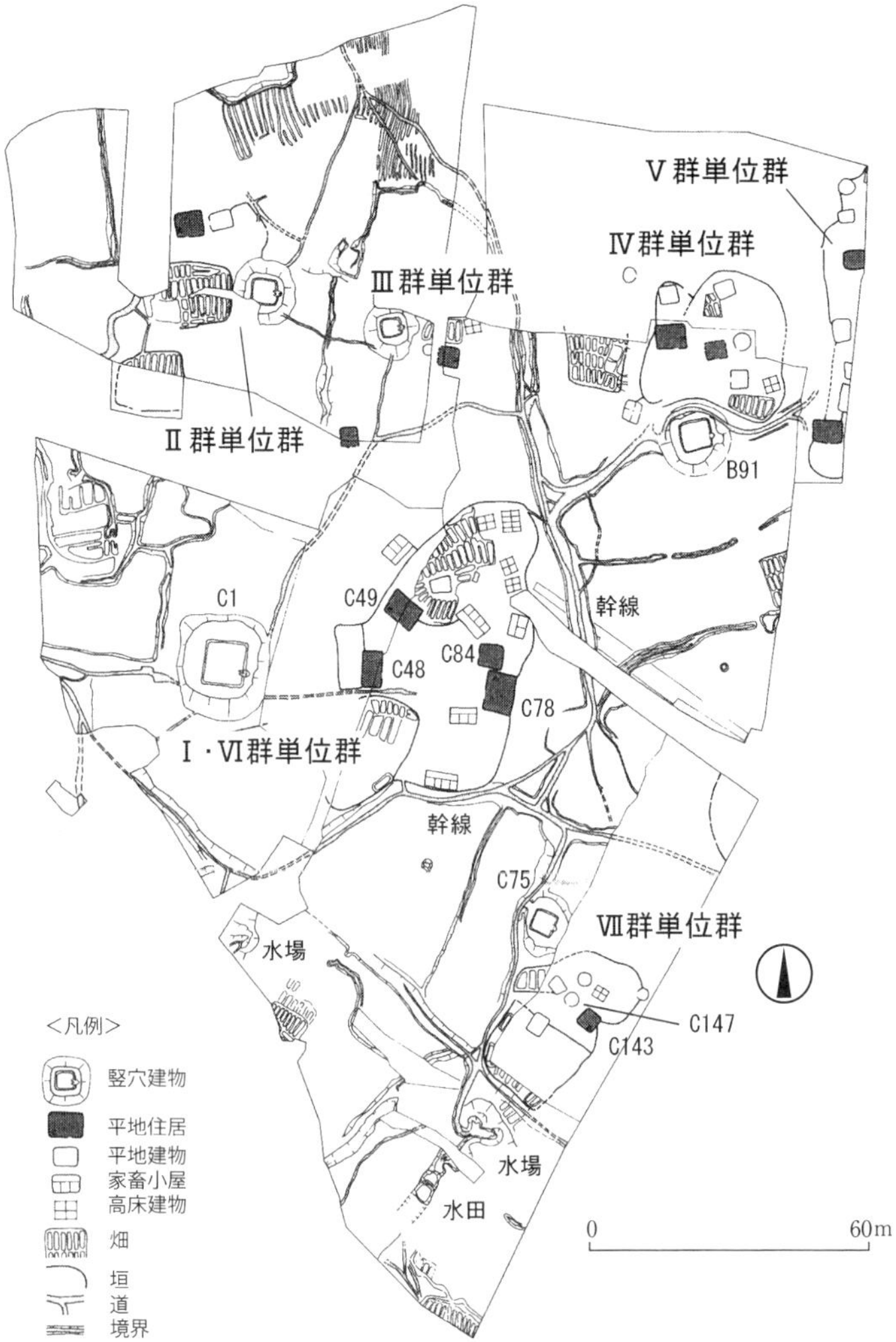

図4　黒井峯遺跡全体図（石井克己1990『黒井峯遺跡発掘調査報告書』，杉井健2005「古墳時代集落研究序説」より一部改変して作成）

図5　集落単位群の復元模型

手前左下が竪穴建物．柵囲いの中に複数の平地建物と畑，祭祀場がある．単位群の周りにも畑地が広がっている．諸方に踏み分け道が延びていく．（高崎市教育委員会・かみつけの里博物館所蔵）

側に土手を伴っており、交差点などでは多数の土器を据え置いた遺構が発見される。こうした土器集積はムラの祭祀場であろう。また単位群と単位群の間には畑も作られており、そこへ向かって踏み分け道が分岐していく。

幹線は隣のムラや墓域へ向かうもので、ひとつは台地からくだり込み、崖から湧き出す水場に至っている。湧水地には堰板を立てた水汲み場が設けられ、水甕《みずがめ》と水汲み用の瓶《へい》が置かれており、流れ出た余水は、谷水田に流れ込んでいく。

ひとつの単位群の内部に、竪穴建物と複数の平地建物が存在するあり方については、FAによって埋もれた五世紀末頃の集落遺跡でも確認できる。たとえば高崎市西国分《にしこくぶ》Ⅱ遺跡や先述の中筋遺跡などである。また、渋川市中組《なかぐみ》遺跡ではFPの上面で平安時代の集落を検出したが、ここでも竪穴建物・平地建物・柵の組み合わせがみられており（石井二〇一四）、こうした集落構造は時代を超えて普遍的であったようだ。これからの古代集落研究は、黒井峯遺跡をひとつのモデルとし、存在したであろう遺構の微細な痕跡を検出するように努めなくてはならない。

竪穴建物のつくりと寒冷化

単位群内の中核は竪穴建物である。地面を掘り下げているために残りがよく、全国の遺跡で発掘される。しかし、本来の地表は火山灰や洪水層で覆われない限り削平を受け、一般には竪穴建物の下半分の情報だけが残されていることになる。ところが、中筋遺跡や黒井峯遺跡では、貴重な上部情報も残っていたのである。

これらの遺跡の竪穴建物は次のような造りである（図6）。サイズには差があるが、平均すれば五メートル四方の範囲の地面を一メートル内外掘り下げる。発生した土を周囲にドーナツ状に盛って、土手（周堤《しゅうてい》）とする。掘り下げた面を平らな土間に仕上げ、四本の柱穴を掘削する。壁際にはカマドを造り付ける。柱穴には主柱を立て、梁《はり》・桁《けた》を架け、そこに屋根材を受けるための垂木《たるき》を載せていく。垂木はその下端部を、周堤の内側に置き、上端は屋根の棟に収斂させていくのでテント型（伏屋形）となる。その後に、一度屋根を草で葺いたあと、周堤の土を寄せるようにして屋根にかぶせ、もう一度その上に草を葺くのである。それによって、草屋根二層の間に土が挟まれることになり、断熱材の役割を果たしたと考えられる。いわゆる「土屋根」である。最終的に周堤の上面から竪穴の底面までの深さは一・五メートルほどにもなる。

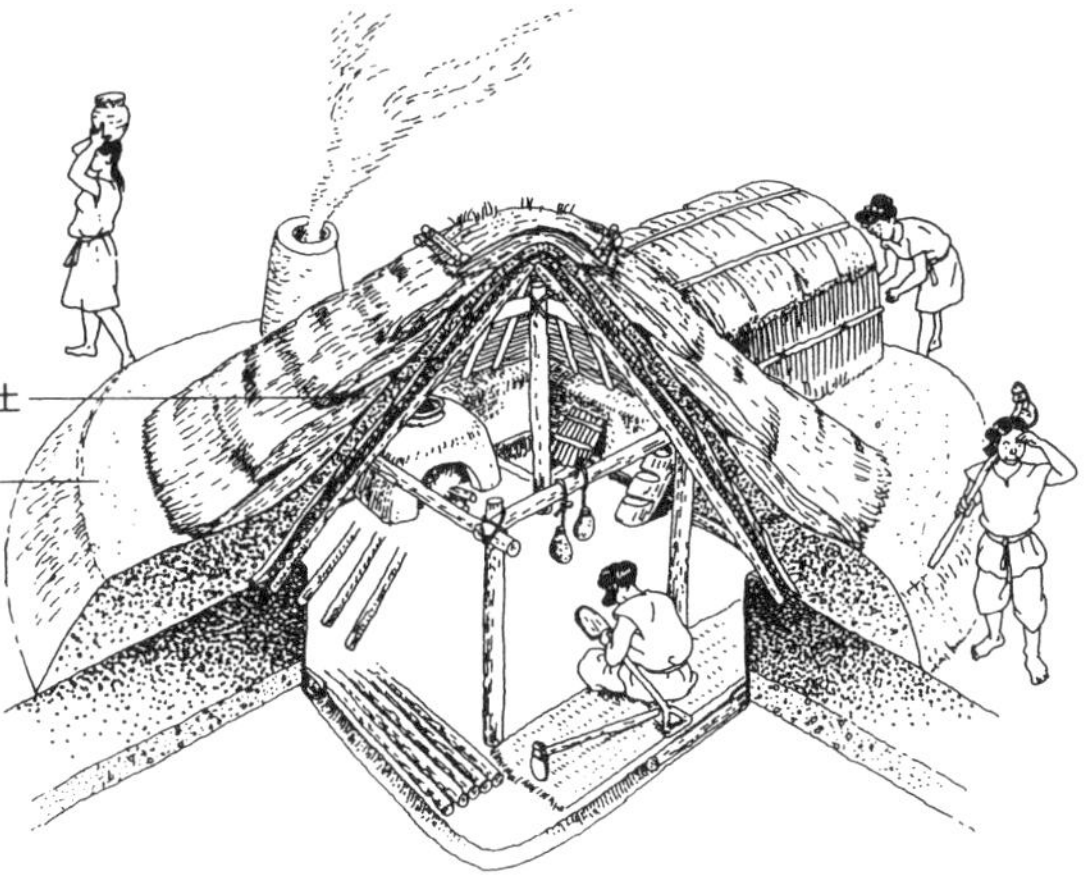

図6　竪穴建物（住居）の復元イラスト（金斗鉉画，高崎市教育委員会・かみつけの里博物館提供）

この様式の竪穴建物は、一般的にイメージされる竪穴建物（各地の遺跡公園で復元されているようなもの）に比べてはるかに棟の位置が低く、地表からみれば高さ二㍍《メートル》もなかったであろう。それでも、深さが一㍍《メートル》以上あるので中に入ればそれが加算され、内部空間は十分確保された。住人は、日中は屋外労働にいそしみ、夜は座った暮らしが基本であったから、屋内スペースはストレスなく使えたのであろう。竪穴建物の外観は、周堤からわずかに突き出したテント型にみえたはずだ。『日本書紀』（以下『紀』と略す）などの古代文献では、倭王権にまつろわぬ人々を土蜘蛛《つちぐも》と蔑称するが、こうした竪穴建物に出入りする人々は、あたかも土中に住まいするようにみえたであろう。

ところで、群馬県尾瀬ヶ原《おぜがはら》における環境調査によって、古墳時代は寒冷期であったことが知られている。尾瀬の湿原は年ごとに静かに土壌が堆積し、河川のように乱されることがない。そこをボーリングして、各層に含まれる花粉化石の推移を調べ、植生変化から環境変動を導き出した結果である（阪口一九八九）。半地下に潜りこみ、土屋根（断熱屋根構造）を採用した竪穴建物での暮らしは暖かく、こうした寒冷気候に適合したものだったと考えてよい。ただし、寒冷期といっても関東より温暖であった西日本の古墳時代には、深さが一《メートル》を超えるような竪穴建物は少ない。当然のことながら、環境と住まいの形式は分かちがたい関係にあったのである。

平地建物とその種類

平地建物は、単位群のなかに多数みられる地面を床にした簡素な小屋であり、平面形には円形と方形がある。また立面構造としては、外周に溝を巡らし、ここに細木をパネル状に組んだ壁材を落とし込み、壁材同士を連結させて屋根を上げた構造のものと、細い柱を地面に打ち込んで立て、そこに壁パネルを固定した後に屋根を上げたものがみられる（図7・8）。原則として屋内に柱を設けない壁立ちの造りである。周囲の雨落ち溝のあり方から、寄棟造《よせむねづく》りが多かったこともわかってい

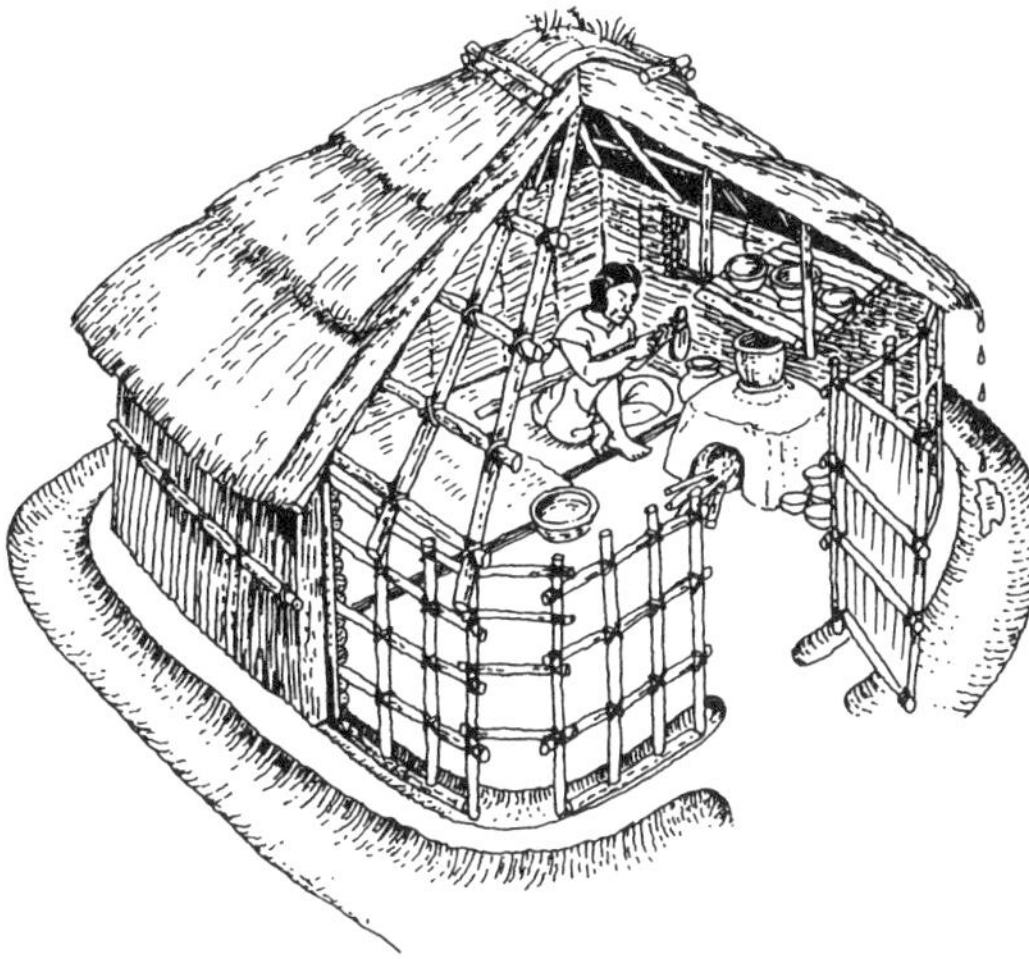

図7　平地建物の復元イラスト（金斗鉉画，高崎市教育委員会・かみつけの里博物館提供）

図8　西組遺跡の平地建物（渋川市教育委員会写真提供）

る。

黒井峯遺跡で軽石中に残された炭化した材の痕跡や、火砕流で蒸し焼きになって倒壊した中筋遺跡の建物部材をみると、屋根は草葺きであるのはむろんだが、壁も草束を結わえつけた草壁であり、その厚さは三〇チセンほどあったらしい。

黒井峯遺跡における建物種別の比率は、竪穴建物五、平地建物三六、高床建物七となっており、実に四分の三が平地建物であった。先に、集落内部はさまざまな建物で賑やかだった、と書いたのはこのためである。地表が風化した各地の集落遺跡では、竪穴建物と高床建物だけが認識されるが、実は失われた相当数の平地建物があったことを想像してみる必要があるのだ。

ところで、推定される平地建物の用途は多様である。

まずは住居がある。割材や敷物を敷いた土座《どざ》を有し、カマドをもつものがあり、生活用具が出土する。中筋遺跡の調査者大塚昌彦は集落内に夏家と冬家があったことを提唱しているが、たしかに竪穴建物が寒冷期を乗り切る冬用の住まい、平地建物が風通しのよい夏用の住まいだと考えれば納得がいく（大塚一九九六）。実際、初夏だと推定されている二回の噴火時には、竪穴建物内に家財道具の出土が少なく、平地建物に多いので、この説は十分検討される余地をもっている。

次に、新品の土器や炭化米が出土したことから倉庫と推定される平地建物が指摘でき、大きな須恵器《すえき》の甕や木の曲物《まげもの》を中央に埋め込んでいるつくりから醸造所とみられる建物なども存在する。黒井峯遺跡C147号建物は、直径が一・九〓《メートル》の円形で、中央に木製容器が据えつけられ、須恵器の壺類が置かれていた。棚から落ちた高坏《たかつき》には稲穂が乗せられており(図40)、水場にも近いことから、発掘担当者の石井克己はこの建物を酒造所と推定する。

しかしこうした機能が推定できるのは一部で、情報量の不足から用途を検討できない建物のほうが多い。鍛冶場をはじめとするさまざまな作業小屋、産室、若者小屋など、民俗事例からかつての農村には多様な建物があったことが知られる。そうした視点をもって今後は調査を進める必要があるだろう。

黒井峯と西組遺跡には、屋内に仕切りがいくつも連続して房を分け、各房内に四足獣の脚の圧痕が残る平地建物がある。建物外部には、糞尿溜めとみられる溝を伴っており、家畜小屋と推定できるものである。黒井峯遺跡の南方の白井《しろい》遺跡群などでは、馬の蹄《ひづめ》跡が台地一面にのこされた牧《まき》の跡が確認されており、放牧した馬を集め、調教管理する機能をこれらの集落が有していたことがわかる。ただし家畜小屋はすべての単位にあるわけではなく、黒井峯最大のⅠ・Ⅵ単位群に五棟、西組遺跡に一棟みられるのみであるという。

ところで、単位群のなかの竪穴建物と平地建物の関係だが、これらを階層的な垂直関係で捉える向きがある。つくりのしっかりした前者を家長層、簡易な建て方の後者を従属する人々の居所とみる案である。その一方で、両者を水平的な関係、すなわち機能差で考える意見もあり、私はこちらの案に賛成し、その立場で執筆している。それぞれの機能についてはこれまでに紹介したとおりである。

簡素な高床建物と王の倉

竪穴建物・平地建物のほかに、地面に穴を穿って柱を立て、床を中空に造作する高床建物がある。平面規模は三メートル四方程度で、黒井峯遺跡では七棟が発見された。軽石の中に残された炭化材の痕跡をみると、床の高さは〇・五～一メートルにすぎないという。この建物の範囲からイネ科植物に含まれる珪酸体《けいさんたい》(プラントオパール)が多く検出されたため、穀物の収納が推定されており、倉としてよいであろう。床下利用として須恵器の大甕を据えた例もみられる。

高床建物は、集中することなく各単位群に分散しており、蓄積されたコメや財が集落の共有ではなく、単位群ごとに集約されている点は注目される。単位群の自立性が高く、それぞれが経営単位となっている可能性が高いようだ。

しかし検出された高床建物はいずれも小型で柱も太さ一〇《センチ》内外であり、佐賀県吉野ケ《よしのが》里《り》遺跡などの遺跡公園に復元された「高床倉庫」のイメージに比べてかなり脆弱である。東日本の古墳時代集落においてはしっかりした高床建物の検出は少なく、多くは首長居館などに限られている現実がある。だとすれば、収穫された穀物の一部は集落内に保管されたが、多くは首長のもとに貢納され、首長居館の内部やその近隣に設けられた立派な穀倉に収納されていた可能性を考えなくてはなるまい。銅鏡の図像や埴輪に造形された堂々たる倉の存在は、穀倉が首長や王権のシンボルであった事実をまざまざと教えてくれる。

黒井峯遺跡と同じ時期の群馬県伊勢崎市原之城《げんのじょう》遺跡は、長方形の濠で囲まれた一五〇×二一〇《メートル》の大型首長居館であるが、そのもっとも奥の内郭に六棟の倉庫がある。六棟の合計床面積は約一〇〇平方《メートル》になるが、こうした本格的な高床倉庫が榛名山麓の首長居館に存在し、黒井峯遺跡などの収穫物を収容した可能性を考えておきたい。

広場と神まつり

単位群のなかには何の建物もない空間があり、広場状となっている。

地面に穿たれたたくさんの穴、屋外カマドを示唆する火処の跡が残され、世帯ごとの家族ぐるみの作業が行われた場所と考えられる。穀物の天日干しや脱穀、農作物の選別・加工作業、調理、会合、儀礼などが行われたであろう。家屋群を囲う垣の

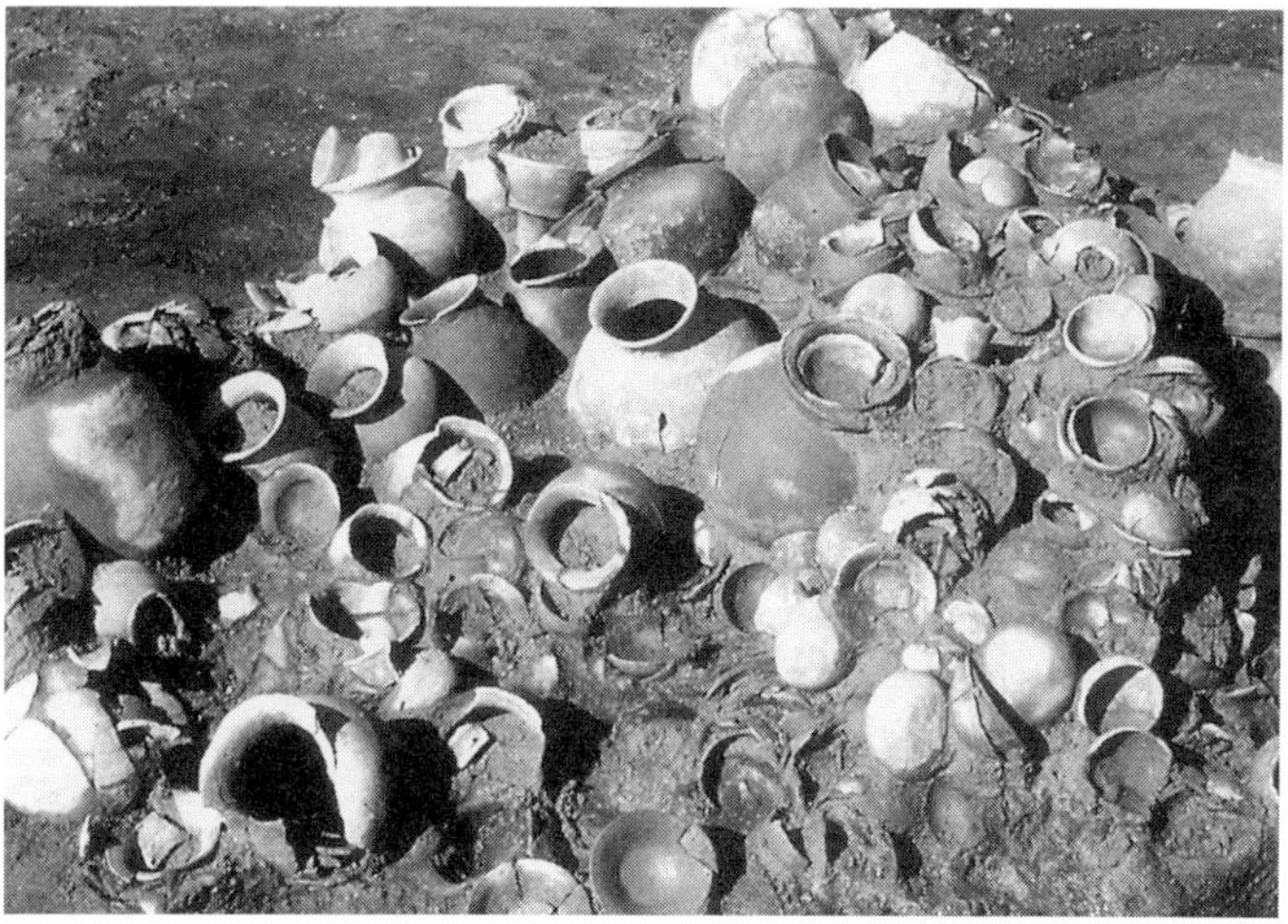

図９　泥流下から出土した大量の土器集積（下芝天神遺跡，群馬県教育委員会写真提供）

脇には、籾《もみ》殻捨て場も見つかっている。

祭祀の場所は、多くは使用痕跡が乏しい完品の土器が寄り集まった場所として認識される。単位群のなか、交差点、畑の脇、湧水点などに複数の土器が据えられている他、木の下などに土器を集積した場所もある。あらゆるところに神々が宿るという今日に至る宗教観の原型は、ここまでさかのぼる可能性があり、折々にさまざまな場所でムラビトたちが祈りをささげる姿を髣《ほう》髴《ふつ》とさせる。

圧巻は多数の土器をうず高く集積した大祭祀場である。黒井峯遺跡だけではなく、ＦＡ下の高崎市下芝天神《しもしばてんじん》遺跡、渋川市金井《かない》東裏《ひがしうら》遺跡などの集落遺跡でも、大祭祀場が見つかっている（図9）。大型の壺や甕で一辺数㍍《メートル》の囲みを作り、なかに積み重ねた坏《つき》（浅い椀形の土器）を入れ込んでいくのが基本パターンである。一気にできた集積ではなく、石製模造品《せきせいもぞうひん》（神にささげる器物をかたどった滑石製の雛形品）を用いた祭祀が行われ、そののちに大型土器で囲みを作り、一〇個体以上を積み重ねた坏の束を次々に置いていくプロセスが復元できるようである。下芝天神遺跡では実に二〇〇〇個体の土器がわずか五㍍《メートル》四方ほどの範囲から出土した。土器を重ね、積み置く行為そのものが神をまつる行為なのか、器を使った飲食儀礼のあとに土器が集積されたものかは不明であるが、神事に用いる器が新しく、一回性であるのは、今日にまでつづく祭祀と同様である。

土器の他に、特別にしつらえたミニチュア土器や青銅鏡、鉄製品、玉飾りなどを祭場に供える場合もある。渋川市宮田諏訪原《みやたすわばら》遺跡では、FA下の巨石が露頭した祭祀跡から、土器群とともに小形青銅鏡（乳文鏡《にゅうもんきょう》）や鉄鏃（矢じり）などが出土している。こうした祭祀場は、その規模の大きさや、古墳の副葬品となるような貴重な威信財《いしんざい》が投じられることから、ムラの長や小首長が主催する祭りの場であったと推定できる。

古墳時代の祭祀遺跡として著名な福岡県沖ノ島《おきのしま》は、朝鮮半島への航路の安全を祈る場であり、倭王権や海事をつかさどる沿岸豪族が祭祀を執行したと考えられているが、ここで岩陰や露天に供えられた遺物は金銅製馬具《こんどうせいばぐ》や三角縁神獣鏡《さんかくぶちしんじゅうきょう》など大型前方後円墳の副葬品のラインナップと同じであり、神まつりの道具と古墳副葬品との差異は不分明であった（弓場二〇〇五）。集落の祭祀で青銅鏡などが捧げられるのも同様の現象であり、祈りの対象や時々の状況に応じて貴重な品が惜しげもなく神に供えられたのである。

垣と道と畑

単位群を括ったり、建物を結ぶものとして柵や垣が検出されているが、堅固なものではなく、縦杭の間を数本の横木でつなぐ素通しのもの（柵）や、小枝を立て並べるブッシュフェンス（垣）のようなものだったとみられている。

また、人の歩行に際して形成された踏み分け道が縦横に延びている。基本は一人用の幅三〇チセン《チセン》ほどの道だが、単位群を結び、隣ムラや墓地へ向かう道は幅一メートル《メートル》ほどで二人が並んで歩ける幹線であった（図10）。交差点には祭祀の跡があり、樹木の植えられた部分もあったという。

柵・垣や幹線道は、単位群に属する平地建物群や畑を囲んで区切り、空間を仕切るものとなっており、敷地を結界することで土地をゆるやかに占有する観念が生じていた可能性をうかがわせる。しかし、それは厳密に固定されたものではなく、建物の増減とともに延

図10　古墳時代の交差点（黒井峯遺跡，渋川市教育委員会写真提供）

長や縮小がなされたようである。

このほかに、ムラの地表には畑が広く残されていた。基本的には現在の畑と同じく、畝間《うねま》の溝を掘り、畝に土を載せた形状である（図11）。しかし火山噴出物直下の畑は複雑な様相をみせ、時間性と用途の差が形状に反映されていた。

時間性では、①畝立て直後の畑、②畝が風化し、耕起から日が経過している畑、③耕起がなされているが、畝立てがなされていない畑、④畝がほとんど平らとなり、休耕地とみられる部分、に分けることができる。

機能面では、畝間の大きさ・形状によって作物の種類が異なると考えられる。火山灰が作物根に入り込んだ形状から、イモや根菜類が生育していたとする意見があるが厳密な同定はできていない。種実の

図11　一面に広がる畑

黒いシミは古い竪穴建物の窪みで，その中まで畑となっている．（下芝五反田遺跡，群馬県教育委員会写真提供）

出土例では、アワ・ソバ・シソ・エゴマ・ムギ・マメ等が知られ、科学的分析ではイネ科の珪酸体（プラントオパール）が検出されるので、陸稲《りくとう》栽培の可能性も指摘される（能登一九九二）。

なお、通常の畑は、単位群の間をつなぐ空間や、ムラから離れた一帯に大規模に展開するが、単位群の柵の中に設けられた事例もある。人目の近くで貴重な作物を管理栽培する空間であり、能登健は陸苗代《おかなわしろ》ではないかと推定する。これが正しければ、当時は移植栽培（田植え）が行われていたことになる。いずれにしても、台地上は大規模な畑作地となっており、のちに触れる大水田地帯の経営とともに、畑作が農業生産の両輪をなしていたことは疑いない。

ところで、台地上の黒井峯遺跡には井戸はみられず、人々は崖の下の水場まで水汲みに往来した。これは、東日本の古墳時代集落に通有のあり方である。水場からの搬送具は土器や木製容器（曲物）で、埴輪の表現にみられるように頭上運搬されたと考えられる。運搬後の貯水に関しては、漏水・蒸発の少なさから須恵器（朝鮮半島からの窯業技術で灰色に焼き締めた器）の大甕が五世紀以後に導入されたことは画期的だった。水甕は大切に平地建物の軒下や高床建物の床下に置かれたのである。

古墳時代集落の実像

以上のように、火山噴出物の下から発見された遺跡は、これまでの古代集落像を一新させた。地表が面的に保存されていなければ、黒井峯遺跡は竪穴建物が点在する遺構密度が低い遺跡と評価されてしまっただろう。しかし、無数の地表情報が残されていたがゆえに、林立する建物や構造物で満ち満ちた集落景観が復元できたのである。

おそらく黒井峯遺跡は、近くの牧で飼養された馬を管理する馬飼い人を含むムラであった。しかし、本遺跡に特徴的な家畜小屋を除けば、各単位群のなかの構成要素については、他の遺跡でも時期を超えて確認できる。したがってその景観は当時の一般農村と大きく異ならないと思われる。

古墳時代のムラは、多くの機能別に分かれた建物が軒を連ねた景観を呈し、その単位群は黒井峯遺跡最大のⅠ・Ⅵ群の場合、長軸が八〇メートル、短軸が六〇メートルにおよんでいる。「首長による地域経営と農業政策」の章で紹介する首長居館の三ツ寺《みつでら》Ⅰ遺跡のような広大な濠を巡らした構造とはほど遠いが、三ツ寺Ⅰ遺跡の居館内郭は九〇メートル四方であって、占有面積ではさほど遜色がない。このことは、首長と民衆の差異を検討する際の重要な指標となるとともに、古墳の被葬者そのものを問う問題に発展していくのである。

集落での暮らしぶり

前節では古墳時代集落の構造を紹介してきたが、ここではムラのなかの細部に注目し、人々の暮らしぶりに迫ってみよう。

新来の厨房施設・カマド

黒井峯遺跡の状況をみると、竪穴建物の多くにはカマドが設けられており、また平地建物の一部にもカマドをもつものが存在する。これは、古墳時代中期以降によく認められる属性である。

カマドは、朝鮮半島から五世紀（北部九州では四世紀）に移入された厨房施設であり、従来の炉に代わって速やかに各地に定着した。当時先進地域であった上毛野でも、五世紀後半にはいっせいにカマドに置き換わっている。竪穴建物の造り付けカマドは、幅五〇〜

六〇チセン、奥行き一メートル内外、高さは五〇チセンほどのドーム型に粘土を用いて壁際に構築されている（図6）。手前には薪をくべる焚口《たきぐち》があり、つづいて燃焼部分があり、排出部の煙道につづいていく。通常の遺跡ではドームの天井部がおちた状態で発掘されるが、黒井峯遺跡ではそれが潰れずによく残されていた。

従来の研究では、天井部には穴があき、そこに調理用の土器を掛け外すフレキシブルな構造が想定されていた。ところが、西日本のカマドは確かにそうであるが、東日本のカマドは土器が外すことができない構造だったことがわかってきた。ドームを作りながら土器を粘土で塗り込め、そのまま固定されていたのである（外山一九九一）。

今日の鍋に相当する「甕《かめ》」という胴の長い土器は、カマド上部に口を開き、胴上部は粘土で塗りこめられ、胴下部はドーム内の燃焼部に突き出していた。こうした甕を二つ並列して固定するのが通例である（図12、他に甕一つ掛け、三つ掛けの例もある）。ひとつは六～一〇リットル大の大型の長胴甕、もうひとつは三～六リットルの中型の長胴甕で、伝統的な技術によって低温で褐色に焼きあげた「土師器《はじき》」に属する器である。

なお、ドーム内の煙は、壁際に作られた煙突から屋外に排出された。黒井峯遺跡では、煙突は粘土作りで、地上に五〇チセン以上突き出し、内部に雨が入らないように煙道の途中は狭く絞り込まれ、水の浸入をさえぎるつくりになっていた。

カマドと蒸し料理

　このように、壁付カマドの甕は固定され、常に水が張られた状態であった。甕の水は、絶やすことがない熾火《おきび》で定温に保たれ、枝でもくべれば火力が上がってすぐにお湯が沸く状態であっただろう。湯が沸けば、大型甕の上に大型のコシキ（底に穴のあいた土製蒸し器）をのせ、湯気によって米を蒸した。また、並んで固定された中型甕では、菜を湯がくなどの茹《ゆ》で調理や小型コシキを載せた蒸し調理がなされたとみられる（小林二〇一一）。

図12　下里見宮貝戸遺跡の造り付けカマド
大小の甕が掛けられている．右の甕の上には小型のコシキがのせられ，左の甕の向こうには大型コシキが外れて倒れている．手前の門形の石組みが焚口．（高崎市教育委員会写真提供）

　固定された甕には煮こぼれがついた例は少なく、そこで直接煮込み料理をした可能性は少ない。外せない甕はごしごし洗えないためである。一方、カマドに乗せない小型甕にはコゲがついたものが多くみられるから、こってりとした煮込み料理は三《リットル》未満の小型の短胴甕などを用い、カマドの前面の余熱や、平地建物に付随するカマド、あるいは屋外の炉で行ったことだろう。

小林正史らの土器の使用痕跡の研究によれば、古墳時代には蒸し調理が卓越し、蒸すのに適したモチ米の比率が高まったとされている。この調理法は、古墳時代にカマドならびにコシキとともに倭に伝わり、一時流行したようだ。一方、弥生時代には「湯取り法」（多めの水でコメを茹で、沸騰後に水を切ってさらに蒸らす方法）、平安時代は今と同じ「炊き干し法」（鍋を用い、水と一緒にコメを一度で炊きあげる方法）が主流だったとされる。

なお、古墳時代における大型コシキの普及は、蒸した米を天日乾燥させ、保存食である糒《ほしいい》を大量に作ったからだとする説がある（笹森一九八二）。古墳時代は前代に比べて地方からヤマトへ、さらには大陸へと人々が活発に移動した時代である。朝鮮半島には倭の各地方からも派兵が行われ、『紀』には上毛野の豪族が外征した記事が収録されている。この時代には、それまでにない規模の集団移動が発生しているのである。

人の移動にあたって、街道に公的な宿泊所が設置されるのは奈良時代の駅制においてであったが、利用できるのは役人に限られ、都に税を運ぶ農民が路上で餓死した例が報告されている。古墳時代の旅も、在地豪族などの協力を得るとしても基本的には野宿であり、保存食の携行は必須であったはずだ。こうした点からも、糒とカマドの関係を論じるのは興味深い視点であるといえよう。

FA直下から検出された中筋遺跡は、噴火で蒸し焼きになった集落跡であり、建築部材などが炭化して残っていたことでも知られる。現在は、史跡公園として整備されているが、この復元例などを通して、竪穴建物の実像を覗き見てみよう（図6）。

竪穴建物での暮らし

高さが二《メートル》もない建物の側面に、かがんでくぐる入口が開いている。枝や板、樹皮でできた扉を開け、丸太に踏み代を刻んだ梯子《はしご》を何段か下りると床面になる。内部は意外にスペースがあり、座れば壁際まで問題なく使える。基本的にワンルームだが、標準で一五畳ほど、大きいもので四〇畳ほどの広さがある。筆者が学生時代を過ごした六畳一間のアパートよりよほど余裕がありそうだ。

壁際には水抜きの溝が掘られ、壁には板や樹皮の編み物をあてて、湿気が染み出すのを抑えている。カマドは東ないし南の壁に作られることが多い。北風が吹く方向と逆に設けるのは、土地の風土が関わっており、火災への配慮であろう。カマドの上には屋根の内葺きに引火しないように、棚が設けられていた。カマドの右脇には、土器を収める四角い貯蔵穴《けつ》（床下収納庫）が掘られ、木製の蓋が被せられている。

床面は土間となり、粘土などを張って平らに仕上げられた。発掘された土間の圧痕からみると、床上には部分的に細い丸太や篠を並べ、編物を敷き、座が設けられていた。土間の中央が共有部で、周囲には主の座をはじめ家族の座が割り当てられていただろう。床に間仕切りの溝が掘られる場合があり、簡単な壁や可動式の木製パネル、ヨシズなどを溝に落とし込んで空間を仕切った可能性がある。窓はないので内部は暗いが、絶やすことのないカマドの種火で、夜でも足元はみえたであろう。カマドからもれ出る煙は虫除けとしても有効だった。頭上空間も有効利用された。棚が設けられ、梁には湿気や虫を嫌う食材や道具などが、袋や土器に入れられて吊るされていたことだろう。

平地建物にみる生活道具と世帯

黒井峯遺跡C―49号平地建物（石井・梅沢一九九四）は住居として使われていた建物である。七・六×五・三《メートル》の長方形で約二四畳（一二坪）の平面積があり、2DKのマンションくらいのスペースとなっている。住居の平地建物としては大型であり（図13）、平均的な平地住居（約一〇畳）の倍以上の広さを有する。

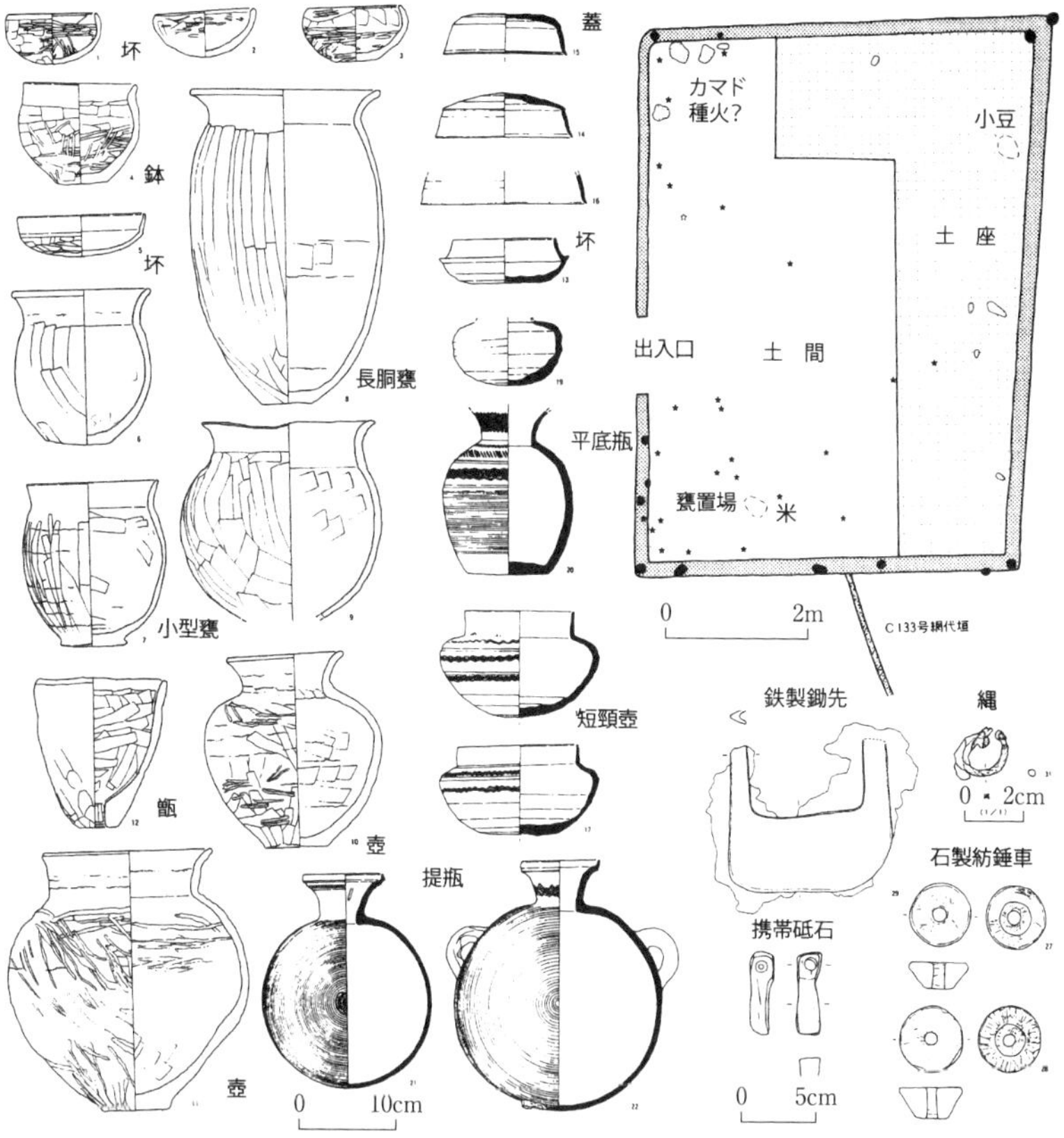

断面黒塗りが須恵器、白抜きが土師器

C－49号平地建物とその出土遺物

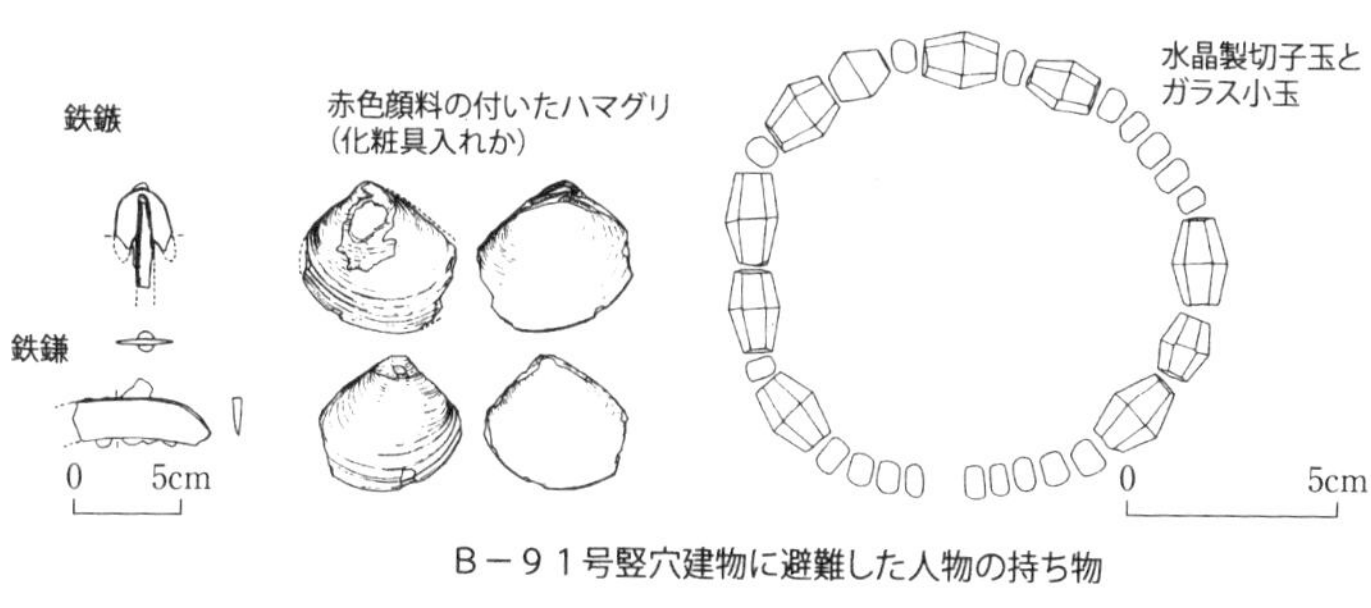

B－91号竪穴建物に避難した人物の持ち物

図13　黒井峯遺跡の平地建物の道具揃えと被災者の持ち物（子持村教育委員会1990『黒井峯遺跡発掘調査報告書』から筆者作成）

入口を入ると土間となり、奥にはやや高まった土座がある。篠を切りそろえて敷いた上に、蓆《むしろ》が置かれていたという。土間の左手隅には石組みのカマドがあり、土間には浅い穴が掘られ、甕が自立していた。平地建物のカマドは竪穴建物のそれと異なり、煙突はついていない。他の平地建物では、カマドの上に防火のために粘土を塗りつけた火棚が吊られ、壺などが置かれ、稲籾や小豆が保存された例があった。この家の場合は、入口右手に棚が想定されており、須恵器の坏や瓶、米が乗せられていたと推定されている。

噴火で放棄された器物は、土師器の坏四・鉢一・小型コシキ一・大小の甕四・壺二、須恵器の坏一・蓋三・短頸壺三・長頸壺一・提瓶《ていへい》二、滑石製紡錘車《ぼうすいしゃ》二、木製の柄から外された鉄の鋤先《すきさき》一、小豆二合、米であった。他の家では屋根内側の草葺きの中に鉄鎌を差し込んでいた例もあったといい、あわただしく逃げるなかで残された道具類は、往時の基本生活セットを反映した可能性が高い。

赤焼きの土師器は日常容器で、貯蔵容器の壺、煮炊き用の大小の甕と小型蒸し器（コシキ）、食器である坏と鉢がある。灰色の須恵器は高級品で、主に棚上に置かれ、蓋付の壺や瓶には貴重な食材や種籾、酒などが入れられたのではないか。

倭人の食卓風景について、三世紀後半に中国で書かれた歴史書『魏志倭人伝』には「倭人は高坏に食事を盛り付け、手づかみで食べる」とある。古墳時代には箸《はし》の普及は知られないので、固形物は手づかみで、汁物は杓子《しゃくし》で取り分け、坏からすする食事風景が想像されよう。なお、紡錘車の出土は、屋内作業で糸紡ぎが行われていたことを教えてくれる。

土師器の坏は、直径は一〇チセン内外で底が丸く、手に持っても土間においても安定する。これは、家族個々人に属する器（銘々器）であると考えられる。その観点からすれば、土師器坏四、同鉢一が保有された黒井峯C―49号平地建物には、四ないし五人の人々が暮らした可能性が推測できる。平地建物の土座の面積も寝床として換算すれば、この程度の人数に対応するとみても矛盾がない。

丸底で規格化された手持食器が多量に出現するのは古墳時代中期からで、朝鮮半島からの影響を受けたと考えられ、食習慣・食文化の大転換を物語る（内山一九九六）。古墳時代の食器文化は、カマド導入に象徴される大陸系の生活様式の影響によって大幅に変質していくが、この辺りは後章の「地域開発と渡来人」で触れることにしたい。

黒井峯遺跡Ⅰ・Ⅵ群単位群には、土座のある平地建物（住居）が四棟あるが、広場を挟んで二棟一組の二グループ（C49＋C48号、C78＋C84号）に分かれている（図4）。このうちカマドをもつのは二棟でそれぞれのグループに一棟ずつ存在している。杉井健は、厨房を共有する一世帯が二棟の平地建物に分住し、広場を挟んだ二世帯が併存する居住様態を考えている（杉井二〇〇五）。重要な指摘であり、この二世帯が冬季に竪穴建物を合同で利用すると想定すると、ひときわ大きいⅠ・Ⅵ群のC—1号竪穴建物のサイズ（一辺一〇メートル）も理解できる。この単位は五棟の家畜小屋を保持することから、集落の中でも構成員を多く抱え、農業に加えて固有の生業を営む優勢な世帯と考えることができよう。やはり杉井は、小型のⅦ群には一棟のカマド付き平地建物C143号が存在し、同群のC75号小型竪穴建物（一辺五メートル）に対応することも指摘しており、集落における竪穴建物の規模は、世帯の人数に従っていると推定できよう。

　仮にⅠ・Ⅵ群の平地建物一棟の居住人員を四人とした場合、冬季の竪穴建物収容人数は一六人、五人とすれば二〇人で、これに土器の数に表れない乳幼児が加算されよう。奈良時代の人口動態の史料として重要な東大寺正倉院蔵の下総国《しもうさのくに》葛飾郡《かつしかぐん》大嶋郷《おおしまごう》戸籍《こせき》（養老五年〈七二一〉）によると、郷を構成する郷戸《ごうこ》の平均人数は二四人（乳幼児を含む）なのでこれに近似した数値となる。

噴火の被害者と再開発

黒井峯遺跡に降り積もった軽石は、最初は小粒であったが、後半はこぶし大から三〇㌢大の火山弾も含み、一昼夜ほどの短時間で堆積したと推測されている。軽石の熱から発した火災はみられず、軽石の重量に耐えきれなくなった家屋の屋根や壁は次々に損壊、それに伴い屋内のカマドの種火から出火したらしき例はみられる。また、ムラでは農具の出土が少なく、人間の活動痕跡も乏しいことから、噴火は日中に起こり、その時多くのムラビトは農作業に出かけていたらしい。

噴火の最中、B—91号竪穴建物（図4）に二人の人間が退避していた様子が土間の掘削痕跡から分かっている。二人が難を避けていた竪穴建物は、軽石で覆われてしまうと、屋根の一部や入口が重みで破られ、内部に軽石が流れ込み始める。避難した人物は手元にあった鋤で土間を掘り、軽石をせき止める低い堤を作っている。しかしそれを乗り越えた軽石はさらに進入し、二人は家の奥に追い詰められたらしい。その後の帰趨は不明であるが、床には、赤色顔料の入ったハマグリ、鉄針、首飾り（玉飾り）が落とされていた（図13）。首飾りは、切子玉・小玉の一連であり、古墳の副葬品にみられるものである。このため、避難していた人物は、平時ならば小古墳に埋葬される立場の人物であった可能性が高い。

ＦＰ降下後の動向をみると、黒井峯遺跡では舞い戻ったムラビトが高床建物を掘り起こして何かを回収した痕跡がみられる。また、周辺の古墳では、横穴式石室前面の軽石を除去して追葬を行った事例が多く知られている。軽石で大地が埋没しても人々の多くは生き残った。そして遺跡は少なくなるものの、土地を完全に捨て去ることなく、たくましく再開発にチャレンジした形跡がみられるのである。

黒井峯遺跡をとりまく社会

明らかになる地域構造

黒井峯遺跡が存在する渋川市子持地域は、東を利根川、南を吾妻川、北西を子持山で遮断された一辺が四キロ程度の三角形の独立地形である。しかも全面を火山噴出物が覆っているので、地域内の遺跡構造体を考えやすい（図14）。地形区分は、子持山山体部（A）、山麓緩傾斜地部（B）、利根川に沿った河岸段丘上の平地部（C）、段丘下の吾妻川の低地部（D）に分かれるが、Bエリアは湧水起源の農業用水の利用が可能で黒井峯遺跡ほかの集落や畑が立地する。一方Cエリアは乏水地《ぼうすい》域で集落はほとんどみられず、馬の放牧地・畑・墓域に利用された。Dエリアは段丘下からの湧水を用いた水田域となる。

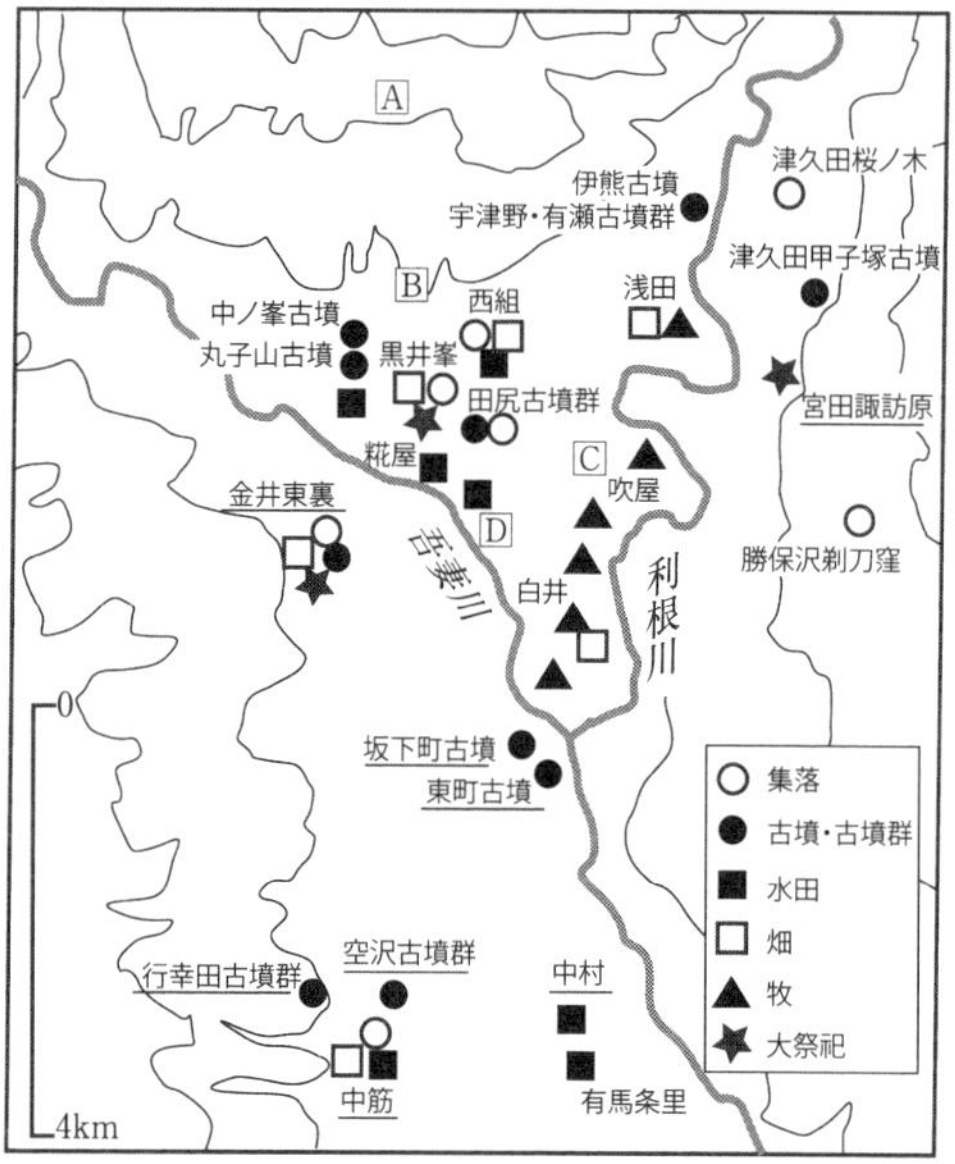

図14　黒井峯遺跡とその周辺

アンダーライン有りがFA下，無しがFP下の遺跡．

開発にともなう発掘調査例は、黒井峯遺跡にとどまらず、かなりの数におよんでいるが、次にFP下の代表的な遺跡の例を紹介しよう（石井二〇〇六）。

まずBエリアでは、黒井峯遺跡の北隣に西組遺跡があり、集落二単位群、畑、放牧地、水田が検出された。単位群の構造が詳細に調査されており、柵囲みの中に方形平地建物五、円形平地建物三、高床建物二が確認されている。

東南五〇〇《メートル》の田尻《たじり》遺跡では、集落数単位と放牧地・畑・墓域が見つかっている。墓域には円墳一基と小積石塚《つみいしづか》一基のほかに古い周溝墓《しゅうこうぼ》もあり、代々の墓地であったらしい。円墳の田尻2号墳は無袖《むそで》横穴式石室（羨道《せんどう》と玄室の幅にほとんど差がない石室）をもち、噴火後に軽石をどけて追葬が行われている。数体の人骨と武器・武具・玉類が出土し、なかでも豪華な金銅《こんどう》装の胡籙《ころく》（矢入れ具）の存在が特筆される。

Dエリアの吹屋《ふきや》糀屋《こうじや》遺跡などでは、畑と水田が検出されたが、FA降下前に集落だった土地が、この頃には耕地に転換しており、集落の地域内移動や耕地の再編が頻繁に行われたことが知られる。

東方の利根川段丘上Cエリアの浅田《あさだ》遺跡では、古墳群・小集落・放牧地・水田・土手を伴う大溝が調査されている。ただし、古墳群はFA下の古い時期のもので、その後に墓域が放牧地に転換されている。大溝は牧の関連施設と推測される。利根川と吾妻川が合わさる三角形の頂点部分には白井遺跡群があり、台地一面に馬蹄跡が検出されたことから広大な放牧地と考えられる（図15）。柵の跡や畑もあり、放牧と畑を組み合わせた経営がなされたらしい。

同時期の墓の実態

黒井峯遺跡の西一キロ、子持山の裾部には中ノ峯《なかのみね》古墳がある。軽石直下に埋もれた直径九メートル、高さ二メートルあまりの盛土墳の円墳であり、全長五メートル、幅一メートルの狭長な無袖横穴式石室からは人骨五体（成人男子二、成人女子一、幼児一、乳児一個体）、瑪瑙《めのう》製勾玉・碧玉《へきぎょく》製管玉《くだたま》・琥珀《こはく》製棗玉《なつめだま》・水晶製切子玉《きりこだま》・銀製空玉《うつろたま》・ガラ

図15　軽石の下から現れた無数の馬蹄跡
白くマーキングされたものが馬蹄跡.（白井遺跡群，群馬県教育委員会写真提供）

ス製小玉・弓飾金具・大刀・鉄鏃が、石室の前からは須恵器の横瓶《よこべ》・坏蓋《つきふた》が出土しており、噴火後には追葬も行われている（図16）。

黒井峯遺跡の北東三キロのCエリアには伊《い》熊《くま》古墳や宇津野《うつの》・有瀬《ありせ》古墳群があり、FP直下に埋もれた古墳群が調査されている。レーダー探査では五〇基以上の古墳の反応があり、降雪時には古墳の部分だけが熱を放出し、雪がはやく溶ける現象が知られる。早くに伊熊古墳、有瀬1号・2号墳が群馬大学によって調査され、また近年では村道建設にともなって円墳群が発掘されている（図25）。

伊熊古墳は直径八メートル、高さ一・六メートル弱の

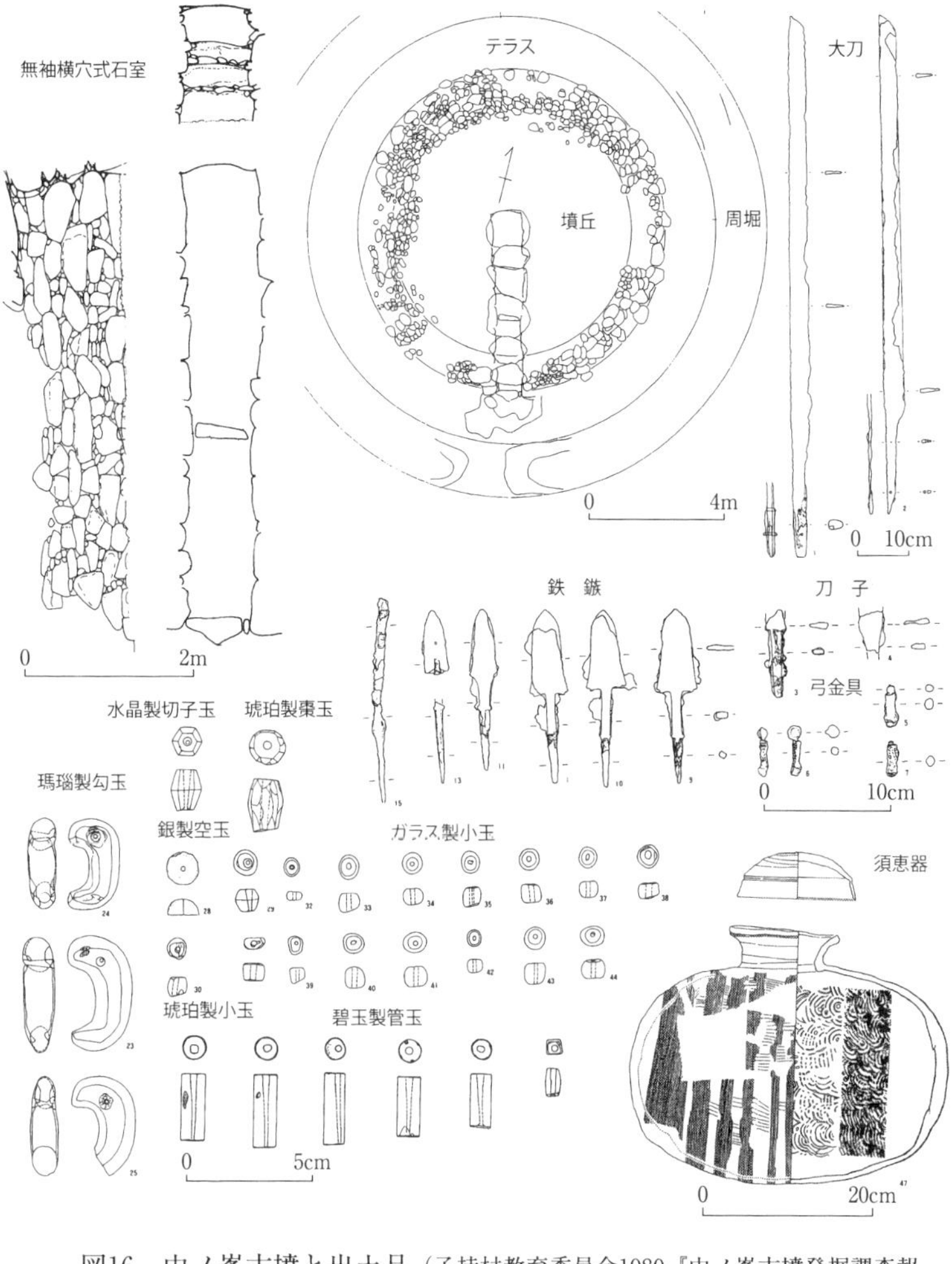

図16　中ノ峯古墳と出土品（子持村教育委員会1980『中ノ峯古墳発掘調査報告書』より筆者作成）

円墳（積石塚）で、長さ四メートルの無袖横穴式石室をもつ。人骨が二体あり、噴火後にも追葬されている。石室から朝鮮半島系の平底壺ほかの須恵器群と、大刀・小刀・鉄鏃・瑪瑙製勾玉九、碧玉製管玉一八、水晶製丸玉三、ガラス小玉五五が出土し、中ノ峯古墳同様に小墳ながらも立派な副葬品をもっている。また円筒埴輪も配列されていた。

有瀬1号墳は直径七・四メートル、高さ一・六メートルの円墳（積石塚）で、長さ四・八メートルの無袖横穴式石室をもち、円筒埴輪が二段にめぐらされていた。有瀬2号墳は直径八メートル（これに径一四メートルの基壇が付属）の円墳で、長さ五・四メートルの無袖横穴式石室をもち、こちらは盛土墳だが、厚い葺石《ふきいし》で外表が覆われている。これまた噴火後の追葬がみられる。

村道拡幅にともなう調査では一三基が調査されたが、直径五メートル内外の円墳と、直径一メートル内外の小型円形積石塚がある。円墳はいずれも横穴式石室をもち、墳丘は完全な積石塚と盛土墳《もりどふん》（葺石有）の二種が存在する。このように一帯は、ＦＰ直下の一大古墳群であったことが明らかとなった。

地域遺跡群の概要と馬生産

以上、地域全体を見渡すと、山麓部には黒井峯遺跡のほかにも多くの集落があり、それぞれに竪穴建物・平地建物・高床建物からなる単位群や祭祀場、大規模な畑作地帯が確認でき、さらには河川際の低地を利用した水田地域と、段丘上の馬生産に関わる放牧地が、エリアをある程度分けて展開していることがわかる。とくに、大河川に遮蔽され、段丘と谷地形が刻まれた地勢を生かして、馬《ば》匹《ひっ》生産がこの地域の大きな特質となっていた。

白石太一郎によれば、近世までの馬生産は、自然放牧・自由交配が基本であり、時期になると馬追いによって野馬を追い込んで捕らえ、調教・出荷したという（白石二〇〇七）。この地域でも、Cエリアを中心とする乾燥した平原地帯に放牧した馬を、白井遺跡群のようなどん詰まりの地に追い込み、捕らえたものを黒井峯遺跡や西組遺跡の家畜小屋で飼養したのちに首長や王権に貢納するサイクルを考えるべきであろう。FAやFP下の古墳や周溝墓の斜面には馬蹄跡がたくさんついていて馬が気ままに行動していた気配があり、自由放牧であったことを傍証する。家屋群や畑を囲む垣や柵は、こうした馬たちから作物を守る馬塞垣《ませがき》としても機能しただろう。

家畜小屋が各単位群にみられるのは、けっして古墳時代集落の一般像ではなく、この地域、あるいは上毛野地域の特質であろう。平安時代の上野国には九ヵ所の御牧《みまき》（官営の牧）があったことが『延喜式《えんぎしき》』に記載され、信濃国とならぶ馬産地となっていたが、それは古墳時代の馬生産を起点として発展したものである。

古墳のあり方も注目される。集落に近接した田尻遺跡にも円墳が造られていたが、中ノ峯古墳や宇津野・有瀬・伊熊古墳群は、台地中央からはずれた外周域に位置しており、ここに墓域が集約して設定されていた可能性を教えている。古墳は、いずれも最大直径一〇メートルほど、高さ二メートル内外の小円墳でありながら、小型円筒埴輪を立て並べ、墳丘に石を積み（あるいは石を貼り）、東日本に導入されて間もない横穴式石室を内蔵するものであり、小粒ながら立派な構造に驚かされる。墳丘の構造には、盛土墳と積石塚の双方が存在し、さらには積石塚に随伴するように直径二メートル以内の小積石塚を伴うことも特筆される。積石塚は次章の「地域開発と渡来人」で述べるように、渡来系の墳墓様式を引いていると推定されるものであり、集落には渡来系の人々も混住していた可能性を示している。

古墳被葬者はムラビトだった

また、これらの古墳副葬品は小古墳の割に充実し、長さ五メートルほどの横穴式石室を構築する労力も含め、古墳の主たちが造墓に投入可能な経済力・動員力に恵まれていたことを物語る。また、幅が一～一・五メートルしかない石室に、最大で五人、しかも幼児までを追葬していることからも、古墳被葬者は家族単位である可能性を改めて指摘できる。宇津野・有瀬古墳群では五〇基以上の古墳をレーダーでとらえており、その被葬者がどのような階層の人々かが問題であろう。

この時、先に述べた黒井峯遺跡B—91号竪穴建物の中に退避した人物が現場に残した遺物が参考となる。この人物は、水晶製切子玉一〇+小玉（ガラス玉・琥珀玉）一八からなる首飾り、ハマグリに入れた赤色顔料などを持参していた（図13下）。状況から見て、ムラビトの多くが屋外労働していた時に集落に残っていた人物であり、長老や司祭など直接労働に携わらない者であろう。この人物が、玉飾りなど古墳から出土するような装身具を保有しているのである。さらに、C—49号平地住居の棚の上にあった須恵器群は、瓶や壺を含み、こちらも伊熊古墳や中ノ峯古墳に供献された土器と比べてまったく遜色ない（図13上・16）。

加えて、五世紀までは古墳の副葬品となるほど貴重であった鉄製農耕具（鋤先・鎌）が、平地建物内に保管されていたことも注意すべきである。鉄製農耕具が、集落全体（共同体）の所有物ではなく、各単位すなわち世帯に属しているのである。倉庫が単位群に分散していたことも合わせて、各単位が一定の経済的自立性をもち、経営単位として成長し、稼働している様子がうかがえるのである。

こうした検討から小型円墳被葬者は、黒井峯遺跡などの集落構成員であったとみることが許されようし、集落内の単位群が、小型円墳を営んだ単位に対応するとみるのが自然である。中ノ峯古墳に乳児から成人男女まで五人が埋葬（初葬＋追葬）されていることをみれば、単位群のかなりの人数が古墳に葬られた可能性が高い。黒井峯遺跡のように馬生産などで経済力を蓄えた集団の成長が、群集墳の造営のきっかけであり、群集墳のまとまりは単位群の結合体である「集落」に対応するということになろう。

ところで、以上のように黒井峯遺跡一帯のＦＰ下にはほとんどの社会要素がそろっているが、不明なのは首長の居館とその墓である大型古墳（前方後円墳）である。黒井峯遺跡からもっとも近い同時期の前方後円墳は、南方に一二キロ離れた前橋市王山《おうやま》古墳（六世紀初頭）あるいは一〇キロ離れた榛東《しんとう》村高塚《たかつか》古墳（六世紀前半）である（図２）。王山古墳は墳長七五メートルで、狭長な無袖横穴式石室をもち、二段築成のうち上段は積石塚となっている。高塚古墳は墳長六五メートルで、大ぶりな石を駆使した長さ一〇メートルの両袖型横穴式石室をもつ有力墳である。黒井峯遺跡周辺に大型古墳が知られていない現段階では、黒井峯遺跡の集団は上記二古墳がある榛名山東南麓の首長配下だったと考えておくのが一応穏当ではある。しかし、遺跡一帯もしくは渋川市街地の火山噴出物の下に、前方後円墳が埋没している可能性も十分考慮し、探査を進めることが肝要であろう。火山灰の下には、何が埋もれているかまだまだ未知数だからである。

地域開発と渡来人

古墳時代の渡来人と渡来文物

倭の国際化　古墳時代は倭国の国際化が急速に進んだ時代であった。四世紀には、朝鮮半島北部に興った高句麗《こうくり》が南下政策をとり、これに圧迫された半島南西部の百済《くだら》は、日本海の対岸に位置する倭と手を結んで事態を打開しようとした。一方、倭は弥生時代から鉄資源などの入手を介して半島南端部の加耶《かや》地域と密接な関係を有していたが、これも高句麗に従属する半島南東部の新羅《しらぎ》におびやかされるようになった。こうしたことから、倭は百済と連携し、朝鮮半島へ軍事進出する道を選んでいった。その状況の一端は、高句麗の王都に建てられた広開土王碑《こうかいどおうひ》に記されている（図1）。

中国吉林省集安市に現存し、世界遺産の一角をなしている広開土王碑は、高句麗の広開土王（好太王・三七四―四一二）の事績を顕彰し、四一四年に子の長寿王《ちょうじゅおう》が建てたものである。ここには、三九一年に倭が渡海して、高句麗に属していた百済と新羅に干渉したことや、四〇〇年・四〇四年に倭と高句麗が軍事対決したことが記されており、広開土王が倭を脅威と認識し、これを排除したことが大きな業績として強調されている。

こうした状況のなか、百済からは倭への政治的な見返りとして王族が質として出され、学者・技術者の派遣がなされた。同時に、中国の混乱で亡命した中国系知識人の渡来なども推定され、それらを取り込みながら倭の文明化・国際化が推進されていったのである。五世紀になると倭の五王が、中国南朝の宋との間で朝貢外交を行い、中国を頂点とする秩序のなかで自らの権益を主張した。渡来人を取り込んだことにより、倭は東アジア世界で外交をこなせるまでに思想や知識を進展させ、あわせてさまざまなテクノロジーの伸張が促されたのである（田中二〇〇五）。

考古学から明らかになる渡来人

こうした政治動向によってもたらされた渡来文物は、大陸からの玄関口にあたる北部九州や、倭王権中枢の大阪平野・奈良盆地に集中する。たとえば、奈良盆地南西部の御所《ごせ》市南郷《なんごう》遺跡群には、五世紀の渡来人の存在を証明する遺構・遺物がまとまっている（坂・青柳二〇一一）。この地域は、『紀』

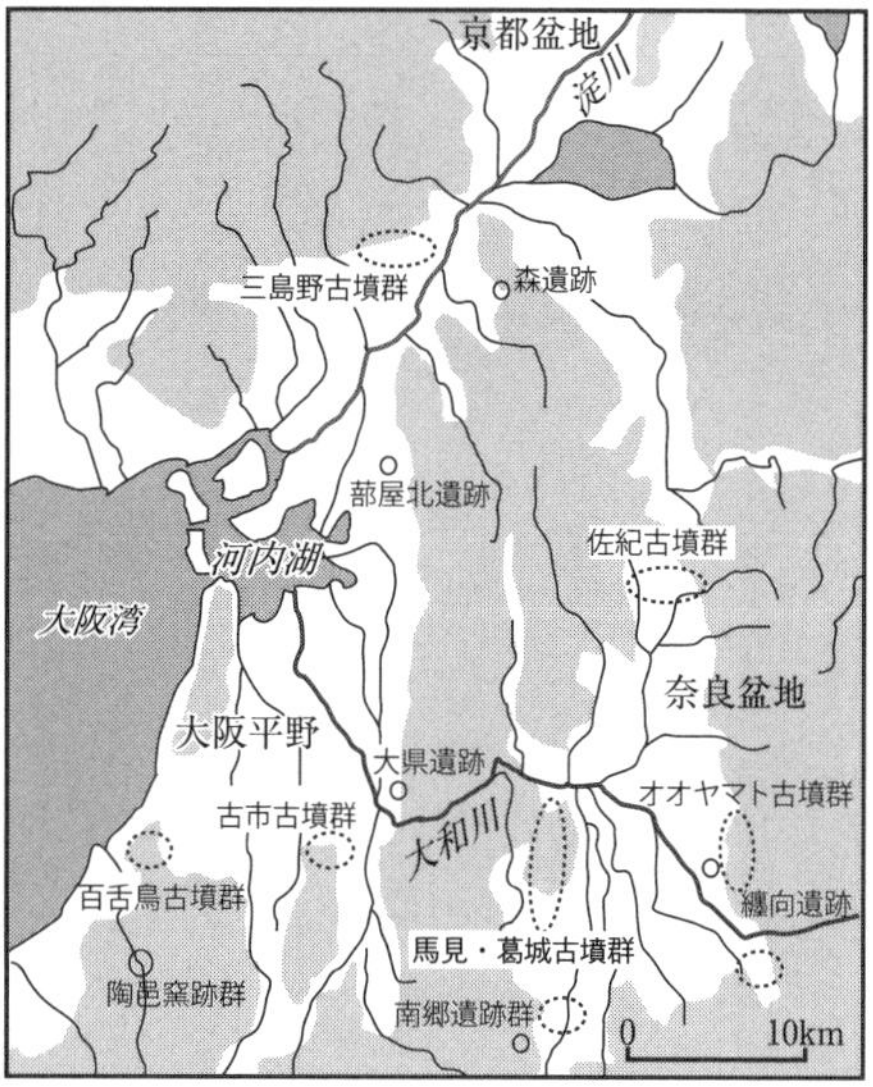

図17　畿内の大古墳群と本書で取り上げた遺跡

に訪韓して戦闘を行った伝承を有する葛城《かずらきの》襲津彦《そつひこ》を始祖とし、五世紀に大王家の外戚として力を振るった葛城氏の本拠地である（図17）。

　南郷遺跡群では、首長の配下に渡来人技術者が編成されていた。その証拠のひとつとして大壁建物が検出されている。浅い溝を方形に掘ってその中に数多くの細い柱を打ち込み、木舞《こまい》で固定した後、土で塗り込めてしまう土壁の建物である。伝統的な草壁とは異なって、倭に本来存在しない建築様式であるため、渡来人の住居様式と考えられるものである。

　また、こうした住居とともに韓式系軟質土器（渡来人が作った日常用の赤焼きの土器）がみられるほか、金工品の装飾に用いた残滓である銀滴《ぎんてき》・銅滴・銅滓、金属を溶かすための鍛冶炉に風を送る装置（フイゴ）の部品（羽口《はぐち》）、鉄器を鍛える時に飛び散った鉄片（鍛造剝片）や鉄滓などが出土し、最先端の手工業が渡来人の手によって開始されたことが判明している（坂二〇〇八）。

奈良盆地には渡来人の墓とみられる古墳も多く、なかでも橿原市の新沢千塚《にいざわせんづか》古墳群の126号墳（二二×一六メートル《メートル》の長方形墳）からは、朝鮮半島製の火熨斗《ひのし》（中に炭を入れて用いた銅製のアイロン）や金製の冠飾り・髪飾り・指輪・腕輪、西域からもたらされたガラス碗・皿など豪華な遺物が出土し、五世紀後半の渡来王族の墓とみられる。他にも、葛城市の寺口《てらぐち》忍海《おしみ》古墳群など、渡来系遺物を出土する群集墳は枚挙に暇がない。

また大阪平野からは、手工業に関わる大規模な遺跡が数多く見つかっている。たとえば四条畷《しじょうなわて》市の蔀屋北《しとみやきた》遺跡などでは、大壁建物とともに馬の墓や実用馬具、馬が消費する塩に関わる製塩土器などの出土があり、渡来人によって馬生産が開始された牧と考えられている。また、交野《かたの》市森遺跡や柏原市大県《おおがた》遺跡などでは、渡来人が関係した大規模な鉄器生産工房跡が見出されている（花田二〇〇二）。

大阪府南部の丘陵地一帯に所在する大規模な須恵器生産地（陶邑窯跡群《すえむらようせきぐん》）のなかでも堺市の大庭寺《おばでら》地区では、もっとも古い四世紀末頃の窯が検出されている。ここで焼かれた最古の須恵器は、朝鮮半島南東部の金官加耶地域の陶質土器と酷似しており、彼の地から陶工が招かれ、日本での窯業を創始したことが明らかである（酒井二〇一三）。

他にも『紀』応神・仁徳紀の記述には、渡来人の技術によって茨田《まんだの》堤《つつみ》を築くなど、大阪平野に治水技術をもたらした伝承があり、農業土木や紡織などの技術革新にも幅広く関わった可能性が指摘できる。菱田哲郎は、もともと奈良盆地に本拠を置いていた倭王権が、大阪平野を内国化するのにともなって、渡来人を編成して計画的に上記の産業を配置したと推測している（菱田二〇〇七）。

地方にも住まう渡来人

渡来人は倭王権の直下のみでなく、各地域社会にも存在していた。亀田修一はさまざまな考古学的物証を複合させて渡来人の存在を証明する研究を進めており、各地の実像が描き出されている（亀田二〇一三）。たとえば、北部九州では交易港とみられる福岡県福岡市の西新町《にしじんまち》遺跡で、三世紀代から大規模な渡来人集落が存在し、大量の加耶系土器・百済系土器、板状《ばんじょう》鉄斧《てっぷ》などの鉄製品、五銖銭《ごしゅせん》など豊富な遺物が出土。日本では初期に属するカマドやオンドル遺構（カマドの煙道を壁際に延長して設け、暖房装置としたもの）も検出されている。五世紀になると宗像地区にも渡来文物が多く認められており、当地の渡来人の数は王権中枢を凌いだ可能性もある。

また、瀬戸内海に面する吉備（岡山県）では、岡山市造山《つくりやま》古墳の周辺に、軟質土器や鉄鋌《てってい》（鉄の延べ板）、馬形帯鉤《たいこう》（帯金具）などの外来文物が集中し、総社市窪木薬師《くぼきやくし》遺跡のような鉄器生産に関連する遺跡が出現するなど、渡来人の存在が推定される。造山古墳は、墳丘長三五〇メートルの五世紀前半の巨大前方後円墳で、ヤマト以外では最大規模であるが、こうした大首長が自らの地域経営のために渡来人を編成したことが窺われるのである。この他、近江（滋賀県）や紀伊（和歌山県）などにも外来系文物が濃密に分布し、渡来人が一定数居住したと考えられる。

先の葛城氏の例と同様に、これら渡来系遺物が多い地域では在地首長が『紀』に外征伝承を残している例が多い。一例として吉備上道臣《かみつみちのおみ》田狭《たさ》、紀小弓宿禰《きのおゆみのすくね》、近江毛野臣《けなのおみ》などを挙げることができる。

上毛野の渡来人たち

剣崎長瀞西遺跡の発見

こうしたなか、東日本でも渡来人の存在が考古学的に知られるようになってきた。なかでも一定量が実在したと考えられるのが上毛野《かみつけの》や信濃《しなの》（長野県）、甲斐《かい》（山梨県）、西遠江《にしとおとうみ》（静岡県）、東三河《ひがしみかわ》（愛知県）である。とくに上毛野では、古墳副葬品に外来系遺物が多く、『紀』には上毛野氏の訪韓伝承もみられるため、もとより朝鮮半島との関係は深い地域と考えられてきた。それを考古学的にずばりと証明する遺跡が二〇年ほど前から発見され始めた。

高崎市の市街地西部、烏川《からすがわ》と碓氷川《うすいがわ》に挟まれた八幡台地《やわただいち》の北端部において、浄水場の建設に先立って調査されたのが剣崎長瀞西遺跡《けんざきながとろにし》である（黒田二〇〇〇）。遺跡のなかには、古くに短甲《たんこう》や石製模造品が掘り出された剣崎長瀞西古墳があった。五世紀中頃に造られた直径三〇メートルの中型円墳である。調査ではこの古墳の東側につづいて上部を削平された円墳群が検出された（図18）。

加えて想定外の発見があった。円墳群から少しだけ空白地を挟んで、方形の、しかも石だけを低く積み上げた墳墓（積石塚《つみいしづか》）がいくつも出てきたのである（図19）。この方形積石塚は全部で八基。規模には差があって、最小のものは一辺一・六メートルで、高さ三〇センチほどまで人頭大の石を積み上げたものだ。一方、最大のものは、一〇メートル四方に浅い溝を掘り巡らし、その中に方形に積石を行っている。見かけ二段に造っているわけである。

このうち、規模が大きい一〇号墳からは、金製の耳飾が出土した。長さは八センチ。水滴形の垂飾に繊細な鎖をあしらった「垂飾付耳飾《すいしょくつきみみかざり》」である（図20）。この形式の耳飾は、東日本では出土例が少ない外来遺物の逸品であり、現在の韓国慶尚北道《けいしょうほくどう》に五・六世紀に存在した大加耶《おおかや》（加耶諸国の中の一国）の製品と考えられる（高田二〇一四）。通常は、貴重な輸入宝飾品として倭の有力首長が所持するような品であるが、これが小さな方形積石塚から出たとなると、その持ち主が渡来人であったことが想定されてくる。

八幡台地の古墳と遺跡
1剣崎天神山古墳
2剣崎長瀞西古墳
3若田大塚古墳
4楢ノ木古墳
5八幡観音塚古墳
6平塚古墳
7八幡二子塚古墳
8剣崎長瀞西遺跡
9大島原遺跡
10八幡中原遺跡
11七五三引遺跡

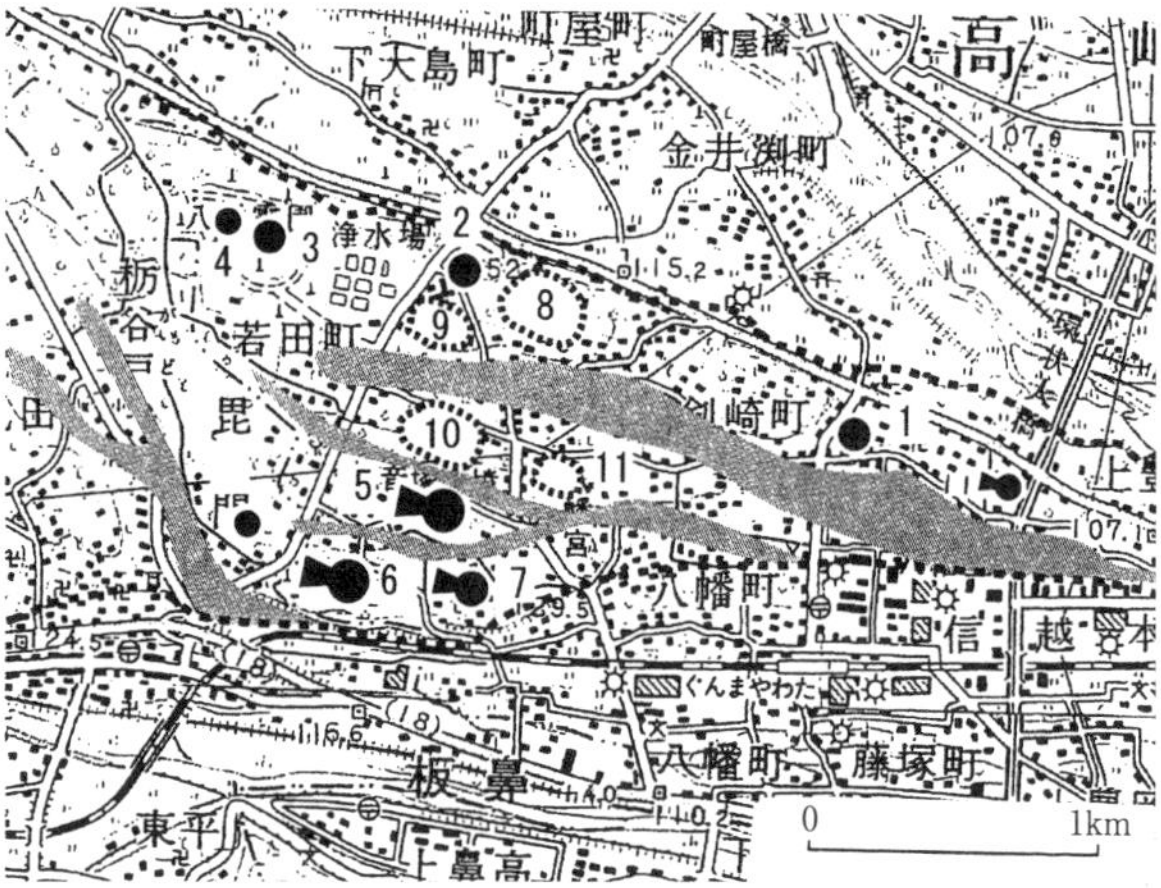

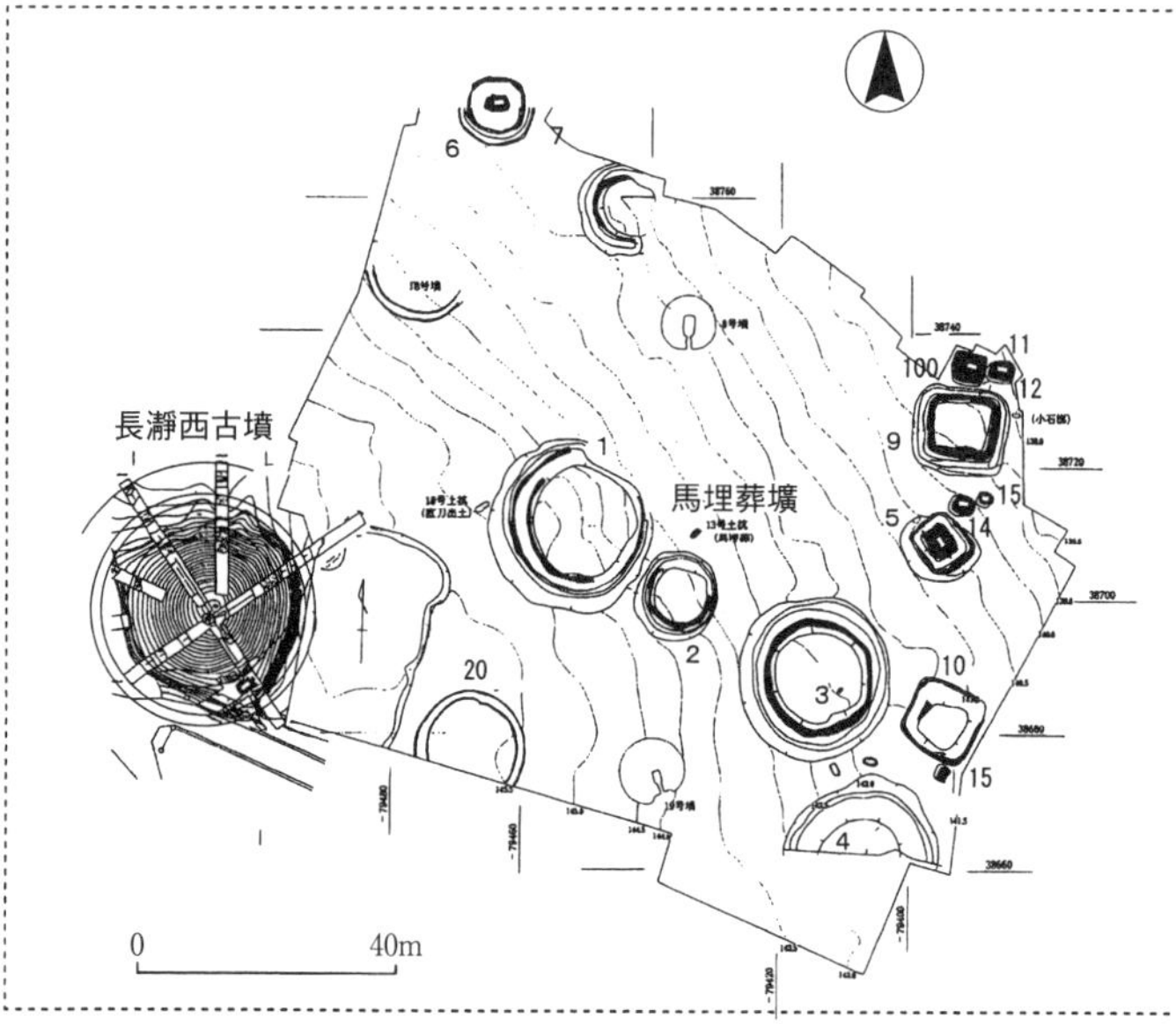

図18　剣崎長瀞西遺跡（高崎市教育委員会2001『剣崎長瀞西遺跡』から筆者作成）

図19　方形の積石塚
中央が100号，上方が12号，右方に大型の9号の一部が見える．（剣崎長瀞西遺跡，高崎市教育委員会写真提供）

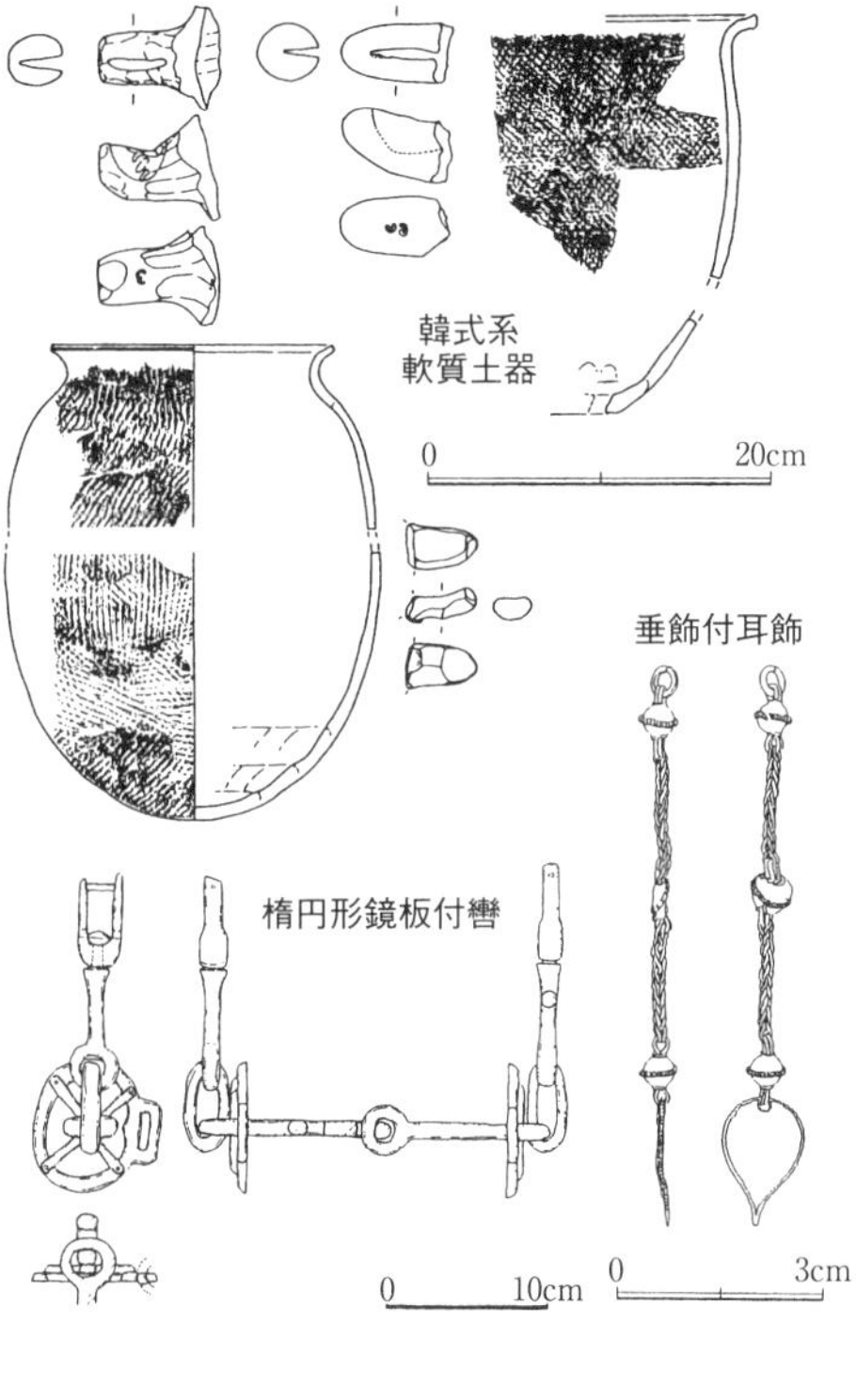

図20　剣崎長瀞西遺跡の朝鮮系遺物
（高崎市教育委員会2001『剣崎長瀞西遺跡』より）

加えて、本遺跡からは韓式系軟質土器が出土し、その量は関東以北でもっとも多い。土器の外面に、溝や格子を刻んだ板で叩き締めた痕跡があり、口縁部はロクロで回転させて面取りし、鋭く仕上げた土器である。

確実視される渡来人の実在

韓式系土器には、日本の須恵器に相当する陶質土器と、土師器に相当する軟質土器がある。陶質土器は穴窯で焼かれた高級な器であり、多くは移入されたものである。一方、軟質土器は、覆い焼き（土器に籾殻などをかぶせ、粘土で覆って低温で焼成する手法）で赤く発色させた、焼きがあまい日常品である。陶質土器とちがって、美しくない軟質土器が列島の外から移入されることは考えにくい。しかも、当地の軟質土器の粘土には、地元群馬県由来の鉱物がみられる。このため、軟質土器の存在は渡来人がこの地に確実に存在し、土器づくりを行うほどの層の厚さをもっていたこと、しかも土器づくりの伝統を忘却していない渡来一世が多いことを示唆しているのである。

さらに本遺跡では馬の埋葬壙が発見され、大加耶製の馬具を装着した馬の遺体が見つかった。関東以北の馬の遺体・馬具としては最古級のものである。

以上、積石塚＋軟質土器＋馬埋葬＋耳飾という渡来系文物の複合から、周辺に渡来人が一定数実在し、この遺跡に葬られたことが確実視されるのである。

また、前述のように列島の馬匹《ばひつ》生産が渡来人の技術指導で始まったこと、馬の埋葬習俗が馬生産集団に関わるものであることをみれば、当地の渡来人は馬生産の創業を目的のひとつとして招致されたと考えてよかろう。むろん、渡来人は自由意思で活動したのではない。長瀞西遺跡の積石塚は、中型円墳や小型円墳に従属しており、渡来人は、長瀞西古墳などの円墳に葬られた地元倭人に管掌されていたと考えられる。ただし、長瀞西古墳クラスの被葬者は中間管理層であって、最終的には南一キロにある大型前方後円墳の平塚《ひらつか》古墳（一〇五メートル）の被葬者に束ねられていたと考えられよう（図18）。平塚古墳被葬者の傘下には、複数の中間管理層がおり、地区ごとに経営を分掌していたのであろう。

積石塚の系譜

基本的に倭の墳墓は、弥生時代以来、土を盛りあげて造られてきた。外表に石を貼って飾るのは、山陰の四隅《よすみ》突出《とっしゅつ》墓《ぼ》や北近畿の台状《だいじょう》墓《ぼ》から始まり、やがては前方後円墳に継承された要素のひとつである。そのなかで、墳丘のすべてを石だけで構築する積石塚は、実に異質な存在である。上毛野の積石塚の外形が方形原理であることは、倭の墳墓が円形基調であることと対照をなすものであり、積石塚は墓域の中で、被葬者の出自を周囲に強く印象づけたに違いない。

積石塚の系譜は、朝鮮半島北部の高句麗の墓制に遠源が求められる。高句麗の王陵は方

図21　高句麗の積石塚（吉林省集安市折天井塚）

形で、すべてを石でうず高く積み上げるもので（図21）、巨大な積石塚を頂点として、小さなものまで方形積石塚として造る秩序が形成されていた。ただし、高句麗では積石塚は五世紀初めには衰微し、以後は盛土墳に転じている（東・田中一九九五）。上毛野の積石塚の年代は五世紀後半以降なので、高句麗の積石塚との間に時間的な空隙《くうげき》が生じ、彼の地との距離感を含めて、ダイレクトな系譜関係を論じるのは早計である。

また、古墳時代の倭国には多数の渡来人が存在したが、積石塚が全国に分布するわけではない。その存在は、古くから信濃北部で知られてきたが、近年では上毛野をはじめ甲斐、西遠江、東三河で出土例が報告されるようになった。それでも分布は、大阪府柏原市の茶臼塚《ちゃうすづか》古墳（四世紀）を除き、東日本に大きく偏っている。しかも信濃の事例は四世紀にさかのぼるが、その他はみな五世紀後半からスタートしており、出現が連動的である。その理由は、当時の社会情勢のなかに求めなくてはならない。すなわち、倭王権による渡来人の配置、あるいは王権と密接な関わりをもつ在地首長らによる時をほぼ一にした渡来人の受容（招致）、その双方を組み合わせた事情であろう（土生田二〇〇六）。これは、王権のお膝元の大阪平野で、渡来人の配置による産業展開が進められた先述の動きとも関係しよう。積石塚が出現した上毛野・信濃・甲斐は、その後古代を通じて馬生産地として発展しており、「駒牽《こまひき》」という象徴的な宮廷儀礼を介して朝廷貴族に馬を貢納する役割を負っていく。こうした国家的な馬生産地としての起点を、積石塚にみる渡来人の配置と考えるのは穿ちすぎであろうか。

ただし、積石塚を墓制としていた朝鮮半島の特定地域の人々が東日本に一斉移入されたと考えるには、かなりの学問的な手続きが必要で、積石塚以外の出土文物の系譜の検討も積み重ねなくてはならない。同時に、積石塚の採用は後付けの理由によっていたとする見方も忘れてはならない。つまりは、①擬制的な同祖同族を主張する東国の渡来人たちが、彼らのアイデンティティを可視化する具として自ら創出した可能性、あるいは②かつて半島で積石塚が築造されていた情報を知っていた倭人側が、外来者を識別する装置として創案（あるいは強要）した可能性である。

このとき注目されるのは、信濃北部の八丁鎧塚古墳群《はっちょうよろいづか》（須坂市）をはじめとする積石塚の存在である。信濃の積石塚には方形と円形があるが、なかでも八丁鎧塚古墳群は三基の不正円形の積石塚で構成され、四世紀末から五世紀後半まで継続したことが知られる（西山二〇一三）。このうち一号墳は、直径二五㍍、高さ二・五㍍と積石塚としては突出した規模であり、方格規矩鏡《ほうかくきくきょう》や碧玉製腕飾《わんしょく》の出土から東国で最も古い段階の積石塚といえる。また、南海産貝釧《かいくしろ》（腕輪）が出土するなど、日本海側の広域文物交流ルートも押さえた被葬者像が描かれる。五世紀後半の二号墳も同規模で、半島製帯金具や銅製馬具（鈴杏葉《すずぎょうよう》）が出土し、渡来系の系譜が継続している。こうした古渡りの渡来人の墓制の情報が、東日本で周知されており、東国積石塚創出のヒントになった可能性も考えられる。

渡来人の長の墓・谷ツ古墳

剣崎長瀞西遺跡で注目された積石塚は、上毛野における初出例ではなかった。過去に渋川市域の中筋遺跡周辺において調査事例があったが、渡来系遺物の共伴がみられず、性格付けが保留されていたのだ（図14）。

同市坂下町《さかしたちょう》では、FAの下に一辺二～六㍍の小型方形積石塚が六基群在していた（坂下町古墳群）。また、東町《あずまちょう》でも円筒埴輪を巡らした中型の方形積石塚が見つかっていた。この東町古墳は火山噴出物に深く埋没し、積石塚の上部のみ調査したに留まったが、二段づくりの方台状の墳墓であり、一辺が一〇㍍を超える上位者の墓であった可能性が高い。その後も、積石塚の事例は増加中であり、上毛野西部の渡来人墓制として普遍的であったとみてよさそうだ。

一九八六年、農地整備に先立って進められていた箕郷町《みさとまち》（現高崎市）の調査現場から、FA泥流で埋没した古墳が発見された。下芝谷ツ《しもしばやっ》古墳である。調査前には、地表に少しの礫《れき》の集中がみられただけだったが、調査の結果、厚さ四㍍もの泥流の下に古墳がすっぽりと覆われていることが判明した（図22）。

姿を現したのは、周囲に堀を巡らした一辺二二㍍の二段築造の方墳であった。下段は盛土で構築し、斜面には葺石が貼られている。一方、上段には高さ一㍍内外の方形積石塚が乗せてあり、周囲に円筒埴輪が巡っていた。積石塚の部分には竪穴式石室が内蔵され、大きく破壊されていたものの、豊富な副葬品が残されていた。

目を奪われる金のクツ

出土したのは金銅製飾履《しょくり》（片足分）、大刀、金銅製馬具、木芯鉄張輪鐙《わあぶみ》、小札甲《こざねよろい》の一部、眉庇付冑《まびさしつきかぶと》、銅製三環鈴《さんかんれい》などであり、盗掘後に残された物だけでも十分に豪華な内容である。なかでも注目されるのが金銅製飾履である（図23・24）。

図22　下芝谷ツ古墳

泥流に厚く覆われ，上面と隅角のみ確認した．（高崎市教育委員会・かみつけの里博物館写真提供）

長さ三〇センチ。きわめて薄い銅板四枚を銀の鋲《びょう》で留め、金メッキしたクツである。甲板・側板・底板には透彫《すかしぼり》によって花文・忍冬唐草文《にんどうからくさもん》・連続波頭《はとう》文・三角文が表現され、それに沿って、タガネによる波状列点が蹴《けり》彫《ぼり》されている（田口一九九八）。さらに小穴をあけて銀のリング（座金）を取り付け、そこに青いガラスを垂らして玉状に仕上げる。一一〇個のガラス玉は方眼の交点に位置するように配列してあるので、最初に玉の配置をデザインしてから、透彫を行

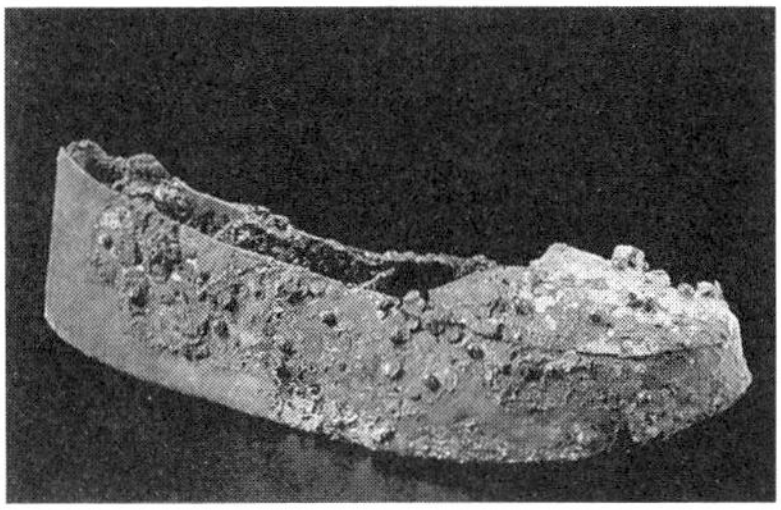

図23　金銅製飾履（下芝谷ツ古墳，高崎市教育委員会・かみつけの里博物館所蔵）

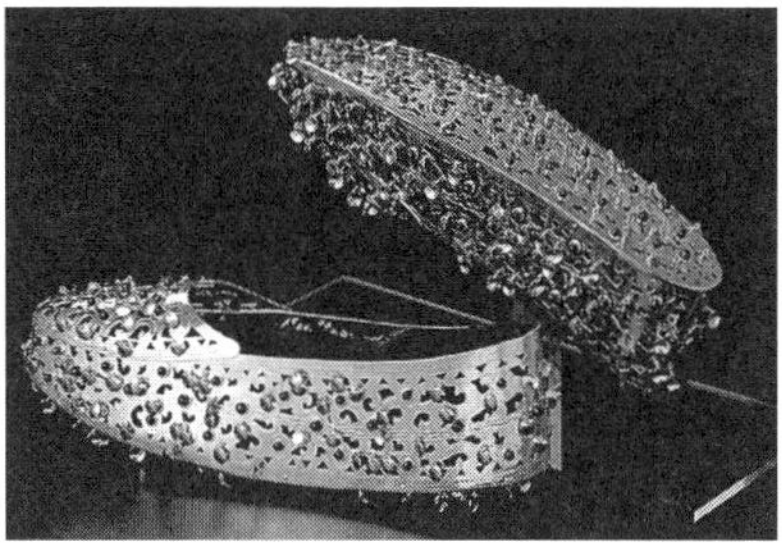

図24　金銅製飾履の復元品（高崎市教育委員会・かみつけの里博物館所蔵）

ったのである。最後に針金で直径五ミリほどの円形の装飾品を取り付ける。歩揺《ほよう》というこの飾りは片足に二〇〇以上も取り付けられ、文字通りわずかな振動でいっせいに揺れた。光を反射する様は、想像するだに華麗である。わずか三〇センチのキャンバスにこれだけ精緻な細工がなされているのであり、高い技術をもった工人による仕事に違いない。底にまで歩揺や玉をあしらったこのクツは実用品ではありえず、座った人物に恭しく履かせる儀礼用か、死者にもたせる葬具だったと考えられよう。

　金銅製飾履は五世紀から六世紀後半にかけて存在したが、出土例は国内で二〇例ほどにすぎず（松田一九九四）、谷ツ古墳例を最小として、新しくなるほど大型かつ粗雑になっていく。薄い銅板が主材料であるため破損しやすく、クツの形状をとどめるのは熊本県江田船山《えたふなやま》古墳例、奈良県藤ノ木《ふじのき》古墳例（いずれも国宝）と谷ツ古墳のものしかない。前二例は六世紀前半、同後半の例なので、五世紀後半とみられる谷ツ古墳の飾履は日本最古段階でかつ北限の事例ということになる。

本来飾履は、朝鮮半島で流行した装身具であり、谷ツ古墳の例は国内の履でもっとも古く、精緻な仕上がりであるため朝鮮半島の製品と考えたくなるが、飾履のほとんどは側板二枚、底板一枚の三枚づくりで、本例のような甲板をもつ四枚づくりは異例である。このため倭製とみる向きもあり、事例の増加を待ってその製作地を考えるべきだろう。

いずれにしても、飾履は日本では上級首長が保持する遺物であるが、二〇㍍ほどの方形積石塚である本古墳にそれが副葬されていた意義を説明しなくてはならない。本古墳の形式や、これまで述べてきた当地の状況を鑑みれば、本古墳の墓主は上層の渡来人であり、かつまた当地域に多く居住した渡来人集団の長であった可能性が高いと筆者は考えているところである。

谷ツ古墳被葬者の社会的位置

飾履のみならず、わずかに残された本古墳の遺物もすこぶる豪華なもので、その被葬者が前方後円墳被葬者なみの装備を手に入れていたことが明らかだ。金銅製馬具（f字形鏡板《えふじがたかがみいた》+剣菱形杏葉《けんびしがたぎょうよう》）は数ランクある組み合わせのなかでも最上のものである。しかも本古墳の円筒埴輪は、高さ五〇センチ余で三本の帯（突帯《とったい》）を巡らす三条四段構成の型式であった。

後述するが、この時期の上毛野ではさまざまな属性によって古墳の秩序が形成されており、三条四段の大型円筒埴輪（図49）は前方後円墳・大型帆立貝形古墳――すなわち独立首長の墳墓――に限定され、二条三段構成の小型円筒埴輪が首長配下の属僚の墳墓に供給されていた。このことから、谷ツ古墳すなわち渡来人の長は富裕なだけでなく、社会的に上位の位置づけが与えられていたことが明らかである。

積石塚にみる階層性

これまで紹介してきた上毛野の方形積石塚は、大きく三つに型式分類できる。谷ツ古墳・東町古墳のように盛土墳の上に積石塚を乗せ、規模も大きいもの（A類）、削り出したあるいは溝を巡らした低い方形壇の上に積石塚を乗せるもの（B類）、積石塚だけのもの（C類）の三種である。さらにC類は、一辺が数メートルのもの（C1類）、一辺が一メートルにも満たない極小のもの（C2類）に分かれる。円筒埴輪を並べるのはほぼA類に限られ、規模・装備ともに上位である。

こうしたあり方は、かなりの数の渡来人が当地に存在し、彼らの階層が最低でも三段階を成していたことを示している。その分布をみると、本墓制によって識別される集団は、榛名山北東から東南麓に展開し、A類またはB類積石塚の被葬者のもとに秩序づけられていたようなのである（若狭二〇一一b）。

ただし、なかでも最大の谷ツ古墳の被葬者が一定領域を支配する首長だったかといえばそうではない。谷ツ古墳は、同時期の大型前方後円墳が集中する保渡田《ほどた》古墳群の近隣にあり、大首長の直近に近侍する存在形態を取るからである（図29）。したがって、A類の積石塚に埋葬された渡来人の長は、高位の立場を認められながらも大首長の膝下に従う属僚《ぞくりょう》の位置づけであった。ただし、首長級の三条四段構成円筒埴輪を認められる立場にある「客分《きゃくぶん》」のような存在であっただろう。

渡来人の居住と展開

当地域の渡来人集団は五世紀後半段階では上位者を含む相応の人数を擁し、組織的であり、馬生産や冶金《やきん》・治水（土木）などの技術者を主力としていたと推定される。軟質土器を製作する人物も含んだが、軟質土器は各地でいち早く消失していくので、渡来間もない一世世代が招致されてきたことがわかる。

渡来人は円墳に葬られた地元倭人に管掌されていたが、集落には西日本のような大壁建物やオンドル遺構が不明なため、渡来人集落などを形成せず、倭人と混住していた可能性が高い。渋川市空沢《からさわ》遺跡のFA下の墓域では、円墳＋極小積石塚（C２類）＋石床土坑墓《せきしようどこうぼ》（穴の底に棺台の石を配した渡来系の墓）の組み合わせがあり、やはり渡来人は倭人に従属する様相がみられるが、FA降下後の墓域の衰退期間をはさみ、FPの降下後になると、円墳がみられずに円形積石塚のみに転換している。ここに、渡来人の地位上昇と自立化が読み取れるようである（土生田二〇〇六）。

黒井峯遺跡一帯でも、FA前の墓域は、浅田遺跡などの盛土墳で占められていたが、FA降下後（FP降下前）には盛土の円墳と円形積石塚が同規模で混在するようになる。同時に埋葬施設が外来系の横穴式石室に転換し、一気に普及するなど、ここでも渡来人の地位上昇が読み取れるようである。黒井峯遺跡一帯の古墳の横穴式石室は、遺体を収める玄室と通路にあたる羨道《せんどう》が平面的に区別しにくい無袖《むそで》型（図16）で、FAの降下後、急激かつ高密度に導入されている。

無袖横穴式石室は、東日本の上毛野西部・信濃の伊那谷《いなだに》・甲斐・西遠江・東三河などにおいて五世紀末から六世紀前半に広く採用されている。このような展開のしかたは、五世紀後半の積石塚の導入と同様であり、土生田純之は無袖石室の普及にも渡来文化のインパクトが考えられると説く（土生田二〇一〇）。だとすれば、無袖横穴式石室を伴う第二波の渡来系文化移入の波があり、これが従前の積石塚の築造法と融合し、上毛野における新たな墓制の展開を見せた可能性が高い。

柳沢一男は、六世紀前半に築造された前方後円墳である前橋市前二子《まえふたご》古墳（九四メートル）の横穴式石室に、朝鮮半島全羅南道に分布する長鼓峯《ちょうこほう》類型横穴式石室との類似を認め、上毛野の首長がこの段階にも朝鮮半島と通交したことを指摘する（柳沢二〇〇二）。具体的には、高句麗の南下で四七五年に首都漢城を失った百済を支援するため、倭王権が各地の地方勢力を派兵したなかに上毛野の首長が含まれ、彼の地の首長と政治交流したことに理由を求めるのである。

上毛野の首長の半島との交流は、五世紀以後も継続的に行われ、渡来人の移入や情報交流も数次におよんだだろう。定着した渡来人の地位上昇は、新たな技術移入ならびに土地経営との関係で成されたと考えられ、たとえば火山災害をこうむった荒蕪地《こうぶち》での馬生産へのシフトなど、地域再生への貢献もそのひとつであろう。方形積石塚から円墳への地位上昇の事例は、静岡県浜松市の内野《うちの》古墳群でもみられるという（土生田二〇〇六）。榛名《はるな》山麓一帯でも、渡来系の人々のなかから、やがては集落のリーダー層につく人々も登場したはずである。

渡来人が果たした役割

上毛野の古墳時代社会には渡来人がある程度の厚みで存在していたが、彼らの具体的な役割はどのようなものであったのだろうか。

冶金と治水

まず、挙げられるのは冶金である。後に述べる当地の首長の居館、三ツ寺《みつでら》I遺跡では、鉄滓《てっさい》（鉄精錬の際に生じる鉄のくず）と羽口《はぐち》（フイゴから鍛冶炉への送風管）が出土している。五世紀に進展する鍛冶は「韓鍛冶《からかぬち》」の語があるように新たな外来の技術であり、鍛冶関係遺物の背後に渡来人の存在を推測する必要がある。

近年では、上毛野南西部の鏑《かぶらがわ》川流域で鍛冶関係遺物の発見が増えており、富岡市上丹生《かみにゅう》屋敷山《やしきやま》遺跡では、五世紀前半の複数の羽口や椀形鍛冶滓・砥石《といし》が出土するとともに、鉄鋌《てってい》を土器と一緒に供えた祭祀跡が見つかった（図2）。鉄鋌は、鉄原料（延べ板）であるとともに鉄関連集団の儀礼アイテムとしても用いられており、上毛野でも古い鍛冶遺物を出土する本遺跡に渡来人の関与を想定できる。一帯の「丹生」の地名も鉄に由来するものであるし、鏑川流域自体が渡来人の居住から名付けられた古代の甘楽郡《かんらぐん》《からぐん》に属している。また、剣崎長瀞西遺跡に近い高崎市下里見《しもさとみ》宮貝戸《みやがいと》遺跡（五世紀後半）からは、鉄を鍛打する道具である鉄床《かなとこ》が、工房に据えつけた状態で見つかっている。

渡来人の技として、次に指摘したいものに治水技術がある。『古事記』（以下『記』）や『紀』に百済・新羅人の技を用いた治水伝承があることはすでに述べたが、上毛野では三ツ寺Ⅰ遺跡にこれに関する技術が知られている。同遺跡の調査の際、濠斜面の石貼りを断ちわって盛土を調べたところ、石垣の裏に小枝が重ねて敷かれていた。これは渡来系の築堤技術「敷粗朶《しきそだ》工法」の可能性がある。小枝や木葉を地面に敷き、その上に盛土することで土の滑りを防止した敷葉・敷粗朶工法は、中国や朝鮮半島の堤防や貯水池に使用される技術として知られる。

次章の「首長による地域経営と農業政策」で述べるように、三ツ寺Ⅰ遺跡は水利管理と水の祭祀のための首長が設けた地域経営のシンボル施設である。居館を囲む幅三〇メートル、深さ三《メートル》、延長二〇〇《メートル》以上の広大な濠には、堅固な堤防で遮断された川の水が満々と湛えられていた。この水は、首長が経営した大水田地帯に分水されていったのであり、かかる広域水利施設の実現にあたって最新の治水・農業土木技術を供与したのも、渡来人技術者であったと考えられる。

馬生産の開始

そして、とりわけ重要な渡来系の産業が馬生産である。剣崎長瀞西遺跡では墓域の中に馬の墓（13号土坑）が検出された。長方形の穴は、長さ一六〇《センチ》、幅六〇《センチ》、深さ八〇《センチ》と小型馬の胴長に近く、鉄製轡《くつわ》が馬の顎骨に装着された状態であった。轡は頬の横にあたる楕円形鏡板《かがみいた》の部分にX字型の意匠をあしらったものであり、五世紀前半に朝鮮半島の大加耶で作られたものとみられる（図20）。半島南部の加耶地域は国家形成が遅れて小国連合の状態にあり、金官加耶・小加耶・安羅加耶などに分かれていたが、五世紀にその盟主であったのが大加耶で、現在の韓国慶尚北道高霊《コリョン》市一帯に存在した。上毛野で馬を育てた人々は、馬装を施した馬とともに大加耶周辺から招致された可能性を考えたい。

ところで、もともと日本列島には馬が自生していなかったことは、三世紀末に書かれた中国魏の歴史書『魏志倭人伝』に、倭に牛馬なしの記載があることや、その時期までの馬具や馬骨の出土がないことから明らかである。馬は、四世紀における朝鮮半島と倭を巡る情勢のなかで列島に移入されたのである。しかも、馬単体ではなく、産業複合体として持ち込まれた。すなわち、馬を産ませ、放牧し、飼養・調教する直接的業務、塩分を大量に必要とする馬のために塩を調達する業務、馬具生産のために木工・皮革・冶金・紡織を組み合わせた手工業の一体的な展開、加えて馬を出荷するための事務機構が完備してはじめて大規模生産が成立するのである。

上毛野地域でも、馬生産は遅くとも五世紀後半に始まり、黒井峯《くろいみね》遺跡一帯に牧が形成された六世紀前半までには大いに定着した。自由放牧、自然交配で山麓に放牧された馬は、季節に応じて追い込んで捉えられ、黒井峯遺跡等にみられた家畜小屋で飼養されたのである。FPの下から検出された馬蹄跡の寸法から、馬の体高（蹄から背の上まで）がおよそ一二〇チセンであることが判明している。木曽駒など在来小型馬と同程度の大きさであった（井上・坂口二〇〇四）。

馬の普及と動力転換

王権中枢の蔀屋北遺跡などにみる牧の景観は、渡来人の馬飼い集団を核として、放牧地のみならず手工業も組み込んだもので、今日の工業団地に相当するような施設であった。上毛野の白井《しろい》遺跡群等をみても広大な土地を占有しており（図15）、そこから生み出される駿馬《しゅんめ》はのちの東山道（東北から北関東、中部高地をへて都に至る官道）に相当する内陸ルートを、首長あるいはその名代に連れられて、はるばるヤマトにまでもたらされたとみてよかろう。その対価としての富が、上毛野地域の優勢さの要因のひとつとなったのである。

駿馬は、きらびやかな金色の馬具を満身に装着して儀礼の場に引き出され、豪族らの権威の象徴となった。五世紀から六世紀に多く造形され、古墳に配列された馬形埴輪に、馬の財物としての価値や騎馬する豪族の威勢をみることができる。

次第に馬は軍事利用にも供されていき、七世紀後半の壬申《じんしん》の乱の際には、騎馬部隊の軍事行動が記されている。また、この頃から都を中心とした広域道路が、駅制《えきせい》（官道の一定距離ごとに、公的な馬の乗り継ぎ・休憩・宿泊所である駅《うまや》を配備する制度）をともなって整備されていくように、役人の馬利用を基本においた情報ネットワークの構築が進んでいく。俊足の馬は情報伝達にも大いなる役割を発揮したのである。

しかし生産されたのは一握りの良馬だけではない。平行して多くの駄馬も生産され、農耕・運輸に絶大な威力を発揮した。古墳時代後期からは馬鍬《まぐわ》の出土例が増えていくことから、馬の農耕利用が徐々に進んでいったとみられるが、これも馬生産の進展にともなった現象である。

馬生産量の増大とともに、荷鞍を乗せた馬による重量物の運搬も行われるようになった。やはり壬申の乱の記述の中に、米を運ぶ伊勢国五〇匹の駄馬の記事がある。また、少し後の出来事であるが、東国に馬を使った運輸業を営む富豪者が存在し、東山道沿いでは政情不安に乗じて、これらが徒党（僦馬《しゅうま》の党）を組み、盗賊行為や官馬の奪取をはたらいたとの記事が『類聚三代格《るいじゅうさんだいきゃく》』（平安時代の法令集）にみられる。

このように、馬の利用は権威表象・軍事・農耕・荷役・情報伝達と、今日の自動車に匹敵するものであった。牧はさしずめ車両生産工場といった存在であったろう。人力から畜力へ、という画期的な動力転換は、古墳時代の首長による馬生産の導入に求められるのである。畜力利用の次に来る動力革命は、一八世紀の蒸気機関の発明であるが、それ以後もhorse power（馬力）の単位が用いられるのは、馬利用によるエネルギー転換の画期性を物語っている。

地方豪族の対外活動と渡来人

史書に見る上毛野氏の対外活動

突然だが、日本最古の騎馬戦の様子は、『紀』仁徳紀に記されているという（藤原二〇一三）。仁徳五三年、朝鮮半島で上毛野君《かみつけののきみ》の祖である田道《たじ》が、騎馬を連ねて新羅を撃破したという記事である。これはむろん伝承ではあるが、正史上での初めての馬の軍事利用が、半島と関わりが深く、馬生産が推進された上毛野と結びついていることに注目したい。

上毛野氏は、地方豪族を示す君姓をもち、天武朝に朝臣《あそん》の姓《かばね》を賜った氏族である。令制下では中堅中央官人化しているが、大化前代の伝承では東国との関係が強く、とくに始祖伝承においては、崇神天皇の皇孫が東国支配を委任され、定着したとの認識で『紀』に位置づけられている。ゆえに、地方豪族でありながら中央からの派遣された氏族との見方も根強く存在する。

上毛野の古墳前期文化の成立にあたっては、西からの大規模な集団移入があったことが知られているので、貴種下向を伝える『紀』の記述を、あながち虚構と断じることはできない。それでも、古墳時代を通じて林立する優勢な大型古墳の存在とその内容を重視すれば、三世紀に当地に移住して開発を進め、在地化した人々が、四世紀以降王権に参画しはじめ、段階的に中央氏族化していったと考えるのが、考古学的には妥当であろう。

さて、『紀』仁徳紀に戻れば、まず兄の竹葉瀬《たかはせ》が倭への朝貢を欠いた新羅を詰問する使者として遣わされたが、途中で白鹿を得たので戻って天皇に献上し、再び彼地に赴いた。つづいて弟の田道が兵を率いて渡海し、上述のように、大いに勝利した後に、新羅の四邑《しゆう》（四つの邑《むら》）の民を連れ帰ったと記されている。

なお、田道はその後に重ねて蝦夷《えみし》征討を下命され陸奥に赴いたが、伊峙《いし》の水門《みなと》（石巻港か）で敗死した。田道は葬られたが、その墓を暴きにきた蝦夷は出現した毒蛇によって皆殺されたとの説話で締め括られており、死んでなお夷敵を倒す猛将として印象づけられている。

上毛野氏の祖の記事は、これより前の神功四九年、応神一五年にもある。前者では荒田《あらた》別《わけ》と鹿我別《かがわけ》が半島に遣わされ、軍事行動によって七国を平定し、百済王と会見したとある。また後者では、荒田別と巫別《かんなぎわけ》が百済から優れた学者である王仁《わに》を招請する外交特使となった行動が記される。これらも伝承に他ならないが、古墳時代豪族が古くから海を渡って外交・軍事に働いた、その記憶が正史に盛り込まれたことは認めてよかろう。王権中枢や西日本の豪族ばかりでなく、東国に盤居する上毛野などの豪族もまた、倭王権のメンバーシップに連なり、日本列島から朝鮮半島を縦横に活動の舞台としていたのである。

ところで、上記に比べて史実性が高まる『紀』舒明《じょめい》九年（六三七）の記載には、大仁《だいにん》の高位にあった上毛野君形名《かたな》が将軍に任じられ、蝦夷の討伐に遠征した記載がある。しかし、かえって攻められて窮地に陥ると、同道していた妻が「汝の祖等は蒼海を渡り、万里を跨ぎ、水表の政を平げ、威武をもって後葉に伝へたり……」と述べ、夫を鼓舞するくだりがある。「外征し、武名を高めた祖先に対し、恥ずかしくないのか」との激励であり、最終的には勇をふるった形名が蝦夷を打ち砕く、という展開となる。養老四年（七二〇）に完成した『紀』の編纂には、皇親《こうしん》の舎人《とねり》親王を首班として、臣下筆頭に上毛野君三千《みちち》が加わっていたため、上毛野氏の家譜が挿入された可能性が言われているが、この記事からは、七世紀前半に至っても「古の外征の武勇」を氏族伝承として奉じている上毛野氏像が確認でき、王権も世論もこれを是としていたと考えられるのである。

また、天智二年（六六三）には、滅亡した百済を復興するために、倭国が唐・新羅連合軍と白村江《はくそんこう》（現在の忠清南道《チュンチヨンナムド》の錦江《クムガン》河口）で戦い、大敗を喫するが、この時の三軍編制のうち前軍の将軍を上毛野君稚子《わかこ》がつとめ、新羅の二城を陥落させている。国運を決する大戦で上毛野氏が将軍に任じられている事実は、氏族の軍事的な力量が飛鳥時代においてもいまだ実質的なものであったことを教えている。同時に、半島の政治情勢を知りえるチャンネルを、上毛野氏が七世紀にもつづけて保持していた可能性を教えるのである。

擬制的に編成された渡来人

こうした七世紀の上毛野氏の軍事ブランド力は、古墳時代の記憶を取り込んだ神功～仁徳紀における外征伝承を礎にしたものに他ならない。そして、その華々しい伝承のなかで、田道が四邑の民を連れ帰った記事と、実際に上毛野で五世紀から渡来系文物が出土し始める事象とが、符合することはおおいに注目されるのである。

『紀』には、神功六二年にヤマトの大豪族である葛城襲津彦が外征し、この時連れ帰った人々が「葛城四邑」に配置されているとする伝承が記載されており、四邑という類型化された表記が田道の伝承と類似性をみせている。葛城四邑の設置の記事は、奈良盆地南西部に二〇〇㍍を超える巨大前方後円墳を五基も含む馬見《うまみ》・葛城古墳群（図17）を残した四世紀末から五世紀前半の大勢力が、渡来人の技術を扶植《ふしょく》することに熱心であったことを推測させる。しかも近年、その領域下の南郷遺跡群から、渡来人の居住と技術定着を示す工房群が発掘された事実ともきわめてよく符合する。

上毛野とヤマト葛城の二つの氏族伝承は、王権メンバーとして外地で行動した有力豪族たちが、半島の技術者を自らの傘下に招致することに成功したことを教えている。また、こうした渡来人の組織的配置が、東西の五世紀の大勢力地で文献的にも考古学的にも確認できることはたいへん重要である。

上毛野における渡来人の移入は五世紀から始まったが、前述のようにその後も繰り返された可能性が高く、渡来文物の分布から、最終的には上毛野西部の広域に展開したことが知られる（亀田二〇一二）。竹葉瀬・田道伝承の「四邑の民の一括移住」は、上毛野系渡来人たちの起源説話として潤色されたもので、渡来人は多元的・波状的に招致されたとみるのが実態に近いであろう。在地社会側では、そうした人々を方形積石塚のような識別装置でグループ化し、擬制的結合を図っていたのではなかろうか。

倭王権中枢でも、五世紀末頃から王権の手によって東漢氏《やまとのあやうじ》のような擬制的な渡来系氏族が編成されているといい（加藤二〇〇二）、多くの渡来人を抱える上毛野においても中央にならった動きがあったことを想定しなくてはならない。それは後にも述べるように、上毛野の地域経営において、王権中枢から先進のソフトウェアを移入した形跡が顕著に認められるからである。

上毛野の首長は、王権が大阪平野ですすめる産業の扶植や、葛城氏など王権膝下の大豪族らの地域経営に学び、新たな産業体系の移入に取り組んだに違いない。そのためには渡来人の技が必須だったのであり、合理的な事業推進のためにも彼らの擬制的な統合が求められたであろう。ただし、文献上は、四邑民の強制移住のように脚色されてはいるが、谷ツ古墳で例示したように五世紀段階では渡来人リーダーの社会的立場は高く、渡来人の立場が隷属的であると一概に片づけることはできない。

渡来人の行く末

上毛野の積石塚は五世紀から七世紀まで継続し、その分布は文化的中核であった榛名山麓から、やがては北部山間地域に展開していく。榛名山麓一帯では、六世紀以後には地位上昇を果たした円形積石塚（図25）が主体を占め、方形積石塚は周縁部に偏在していった。渡来系集団は、積石塚という標識機能は残しつつも、馬生産等の生産活動の展開にしたがって周縁に広がっていったのである。

また、先に触れた前二子古墳の石室構造や、高崎市綿貫観音山古墳を代表とする六世紀後半の古墳から出土する多彩な外来遺物、七・八世紀の石碑文化（高崎市山上碑・多胡

図25　宇津野・有瀬古墳群にみる6世紀の円形積石塚
FPに埋没したため，良好に残された.（渋川市教育委員会写真提供）

碑・金井沢碑）、史書にみる上毛野氏の外征（白村江戦）などのように、首長の対外活動や渡来人の移入（亡命者の受け入れを含めて）は、五世紀以降もなお継続したとみられる。

関東地方では、八世紀に渡来人をまとめて空閑地《くうかんち》に移配し、新たに郡を建てた事例が知られる。霊亀二年（七一六）の武蔵国高麗《こま》郡建郡（現埼玉県日高市《ひだかし》一帯）、天平宝字二年（七五八）の同国新羅郡建郡（現埼玉県新座市《にいざし》一帯）がこれである。上野国ではこの時期に渡来人を大量移配した記事はみられないが、和銅四年（七一一）には国内の三郡から六郷を割いて多胡《たご》郡を新設した記事があり（『続日本紀』）、地元にはそのことを書き記した同時代の石碑（多胡碑、高崎市吉井町《よしいまち》池《いけ》）も残されている（図26）。中央史料と在地史料が照合できる稀有の例である。多胡碑には、「羊」なる人物が初代郡司に着任したことを推定させる記載もあり、羊は渡来系の人物と推定されている（尾崎一九八〇）。

図26　多胡碑（高崎市教育委員会写真提供）

多胡郡は甘楽の谷に位置し、一帯は須恵器窯《すえきよう》・瓦窯《がよう》の集中から古代窯業地帯として著名である。また、遺跡から紡錘車が多数出土する紡織業地帯としても知られる。武蔵国の空閑地とは対極にある富裕の地であり、よって多胡郡の建郡は、すでに在地に定着し長らく旺盛な手工業生産活動を担ってきた古くからの渡来集団を核にして、王権の後押しのもとに実行されたとみてよいだろう（土生田・高崎市二〇一二）。

また、『続日本紀』天平神護二年（七六六）には、上野国内の新羅人の子午足《こうまたり》ら一九三人に吉井連《むらじ》を賜ったとある。これは在地の渡来系集団が、新たに同族として再編されたものに他ならず、渡来系氏族の擬制的結合の実践が、奈良時代にまで行われていたことの証左である。なかには、多胡建郡に関わった人々が含まれるとみるのが自然であろう。

以上、地方の古墳時代社会を描き出すに際し、いささか長く渡来人の動静を論じてきた。王権中枢における渡来人の参画は、倭の古墳時代社会を文明化に導いた。同様に、渡来人は地域有力首長の傘下においても技術的文化的集団として編成され、首長に従属しながら地位上昇を実現し、ついには「羊」のように郡領としての政治領域を保持するまでに成長していったのである。これは、首長配下を横断して渡来人が擬制的に結びつき、新たな知識体系を取り入れることで、常に自らの社会的鮮度を保ってきた結果ではなかろうか。

首長による地域経営と農業政策

経営拠点としての首長居館

不明だった首長居館

旺盛な活動を行うムラビトたちを率い、渡来人を招致して手工業を興し、巨大な前方後円墳を築いた古墳時代の首長。彼・彼女らは、いったいどのような屋敷に住み、地域経営を行っていたのだろうか。大きな古墳があれば、それに見合う数の居館があったはずであるが、その存在は長らく謎であった。家形埴輪《いえがたはにわ》、鏡の文様に表現された家屋像、『魏志倭人伝《ぎしわじんでん》』の卑弥呼《ひみこ》の居館の記載など推定する材料はあった。しかし、遺構としての居館はなかなか発見されなかった。発掘で居館の内部に肉薄した例はあったとしても、実際はその巨大さゆえに、認識されにくかったのが実状であろう。たとえば、奈良県桜井市の纒向《まきむく》遺跡では、古くから樋《とい》を木槽《もくそう》につないだ遺構が見つかっていた。これなどはのちに認識されることになる導水祭祀施設（首長の水まつりの場）である。したがって纏向遺跡では、三〜四世紀における王宮（居館）の一部を図らずも掘り当てていた可能性が高い。

三ツ寺I遺跡の発見

高度経済成長まっただなかの一九八一年、群馬県地域では上越新幹線の新設工事が最終段階を迎えていた。上越新幹線は、高崎駅をすぎると長いトンネルに入り、新潟県へと抜けてゆくが、問題の地点はトンネル直前の榛名山東南麓エリアにあった。南と北から迫る工事、その狭間にポツンと残された場所からとんでもない遺跡が顔を表した。

水が湧きだすほど深い濠、その立ち上がりの斜面にはびっしりと石が貼られ護岸されている。広い濠に張り出したステージのような施設、幾重にも取り囲んだ柵の跡、大型の掘《ほっ》立柱《たてばしら》建物、玉石を敷きつめたスポット、水道橋、巨木をくり貫き井戸枠とした井戸などを擁したただならぬ遺跡であった（図27）。

遺物も一般集落のものとは異なっていた。濠に投じられた高坏《たかつき》を中心とする土師器《はじき》群や滑石《かっせき》で器物をかたどった石製模造品などの祭祀具が続々と見つかった。濠内の湿った土の中には、木製の道具も残されていた。鋤鍬《すきくわ》・刀形・弓・楯・槌《つち》・紡織具《ぼうしょくぐ》・建築材など類

図27　三ツ寺Ⅰ遺跡の調査時の状況（群馬県教育委員会写真提供）

例の少ない古墳時代の木製品が次々と顔を覗かせたのである。

発掘調査のあと、新幹線の工事は一部の遺構を保護したうえで完成。一九八八年には正式の調査報告書『三《み》ツ《つ》寺《でら》Ⅰ遺跡』が刊行され、ついに首長居館であると結論づけられた（下城他一九八八）。上記の遺構群は一連のものであり、日本で初めて発見された首長居館と以後評価されていく。

居館の外部構造

この遺跡が首長の居館と性格づけられてから、多くの復元イラストや模型が製作され、一部は教科書にも載せられた。しかし、発掘箇所は一部分にとどまり、復

図28　三ツ寺Ⅰ遺跡の推定復元模型（高崎市教育委員会・かみつけの里博物館所蔵）

元案はあくまで「想定案」であった。かくいう筆者も、同遺跡の至近地にある博物館を建設する際、詳細な検討を行い、新たな復元案を提示したことがある。それが上の写真である（図28）。

三ツ寺Ⅰ遺跡は、榛名山東南麓の湧水から発した小河川（猿府川《さるふがわ》）を取り込んで設計されている（図29）。川に接して湧水があり、その出土遺物からすでに五世紀前半には湧水に対する地域祭祀が開始されていたことが判明している。この湧水は、地域にとって重要な水源であり、丁重にまつり崇める存在だったといえよう。三ツ寺Ⅰ遺跡は、この湧水を拠り所として設計されたのである（若狭二〇〇四）。

湧水と猿府川の水をせき止めるため、居館の北端部に長大な堤防（大型張出）が築かれた。受け止めた水を流し込む濠が、西から南にかけてL型に開削された。濠の幅は三〇メートル、深さは三メートルにおよぶ。さらに猿府川サイドの岸もL字型に整形して方形区画が造りだされ、濠の膨大な掘削土が盛りつけられたのである。南濠の南端部にも北辺と同じ長大な堤防が造られており、ここで水を受け止めることにより、濠は広大な貯水池として機能した。

堤防と方形区画の外斜面には、護岸と化粧を兼ねた石が一面に貼られている。石を貼ることで白く照り輝く外観に仕立てていたのだ。「地域開発と渡来人」の章で取り上げたように石の裏側には渡来系の「敷粗朶《しきそだ》工法」がみられ、貯水機能をもつ施設の築造には、渡来人が関わった可能性が濃厚である。

その方形区画は一辺が約八六メートル。首長が、政治や祭祀活動を行う居館の本体である。たんなる方形ではなく、各片に二ヵ所の張出施設が設けられている。かつては、この施設は横から矢を射かける防御構造と捉えられ、本遺跡の軍事的性格が強調されていた。しかし、筆者は後に述べるこの遺跡に通定する性格から、軍事拠点などではなく、儀礼を行い見せるための舞台、すなわち祭祀ターミナルだと考えている。

では、方形区画の中を詳しくみていこう（図28・29）。

居館の内部構造

外縁部には柱穴が一定間隔で並び、外からの視覚を遮る塀や柵があったことが明らかである。しかも何度も改修がほどこされ、柱穴の掘り直しがなされている。もっとも充実した時期には、堅固な板塀を中心に三重の塀が設けられ、やたらにのぞいてはならない神聖空間であったとみてよかろう。

塀の内部はさらに中央の柵で南北二つのゾーンに分けられている。それぞれが三〇〇

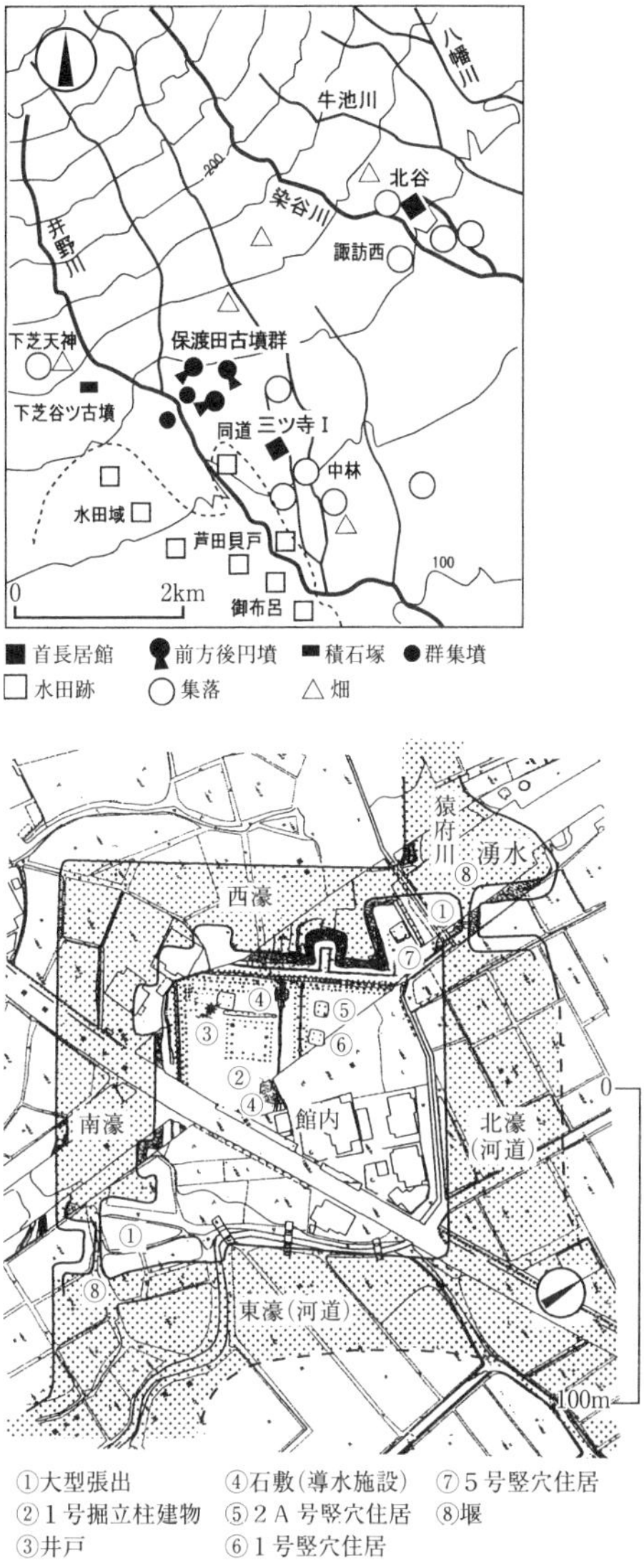

図29　三ツ寺Ⅰ遺跡とその周辺遺跡（群馬県埋文事業団1988『三ツ寺Ⅰ遺跡』を元に筆者作図）

平方《メートル》ほどの空間である。北空間はほとんど未調査だが、平均的な規模の竪穴建物（一辺五《メートル》）が二棟規則的に並び、近くの濠内からは銅を溶かす容器（坩堝《るつぼ》）や鉄の滓、フイゴの羽口が見つかった。ここに、鍛冶や鋳造の工房があったことが確実である。このことから北区画には、従者や工人が常駐して居館の日常を支えるための施設が配置されていたとみてよかろう。なお、写真の復元模型では、他の居館遺跡の事例からみて倉や馬屋を想像して配置している。

神聖な南区画と井戸

いっぽう南区画は、大型の掘立柱建物と前庭空間が特徴的である。大型建物は居館の主屋《おもや》であり、四方に庇《ひさし》を有した堂々たる建物だ。ただし、高床ではなく、地面を床にした平地建物であり、土間に板や敷物を敷いて用いたものであろう。一辺は一三《メートル》ほど、建坪は五〇坪を超えており、現在のところ関東以北で最大の古墳時代の建物である。首長の祭祀活動に用いられたものであろう。

この建物を祭祀の施設と書いたのは、建物の両サイドにも特徴的な祭祀施設が組み合わされるからだ。ひとつは建物の左側（広場側からみて）に存在する井戸である。四本の柱が井戸を囲むことから、屋根付きの格式高い井戸であることがわかる。しかも杉の巨木をくり貫き、井戸枠として差し込んでいる。ここは四周を水で囲まれた居館内にある。よってこの井戸が、日常生活用の井戸でないことが明らかだ。

実は、近畿地方の前代（弥生時代）の大集落には、大型の掘立柱建物がみられることがあり、その傍らには井戸が組み合わさっている例が多い。稲作を司る首長が、水の儀礼を行うための祭儀用の井戸である。同様に、三ツ寺Ⅰ遺跡の井戸も、大型掘立柱建物との組み合わせを示すことから、前代からの系譜をひく祭儀用の井戸とみるのが自然であろう。

『紀』雄略紀には、皇位継承をめぐって大泊瀬《おおはつせ》皇子（後の雄略天皇）に捕らえられた御馬《みま》皇子が、三輪の磐井《いわい》に呪いをかける記事がある。御馬皇子は、死に臨んで井戸を指し、「この井戸の水は百姓は飲むことができる。しかし王者のみは飲むことができない」と呪詛した。三輪は、奈良盆地東南部の三輪山麓にある倭王権の発祥の地であり、そこに位置する井戸は、水利を司った王権を象徴する存在であるといえる。だからこそ、御馬皇子は、次期大王となる雄略に一矢報いるために、呪いによって井戸の機能を封じたのだ。

こうした井戸の象徴性をみれば、三ツ寺Ⅰ遺跡の井戸も上毛野に君臨する首長の伝統的な用水権を象徴したものに他ならないと考えられる。

導水の祭祀場

そして、もうひとつ注目されるのは、主屋の右手に存在する導水施設である（図30）。主屋のすぐ右脇奥にひとつ、さらに右手前にひとつ、玉

図30　三ツ寺Ⅰ遺跡の石敷きの導水施設（右）と中央柵列（左）
右上に主屋の一部，手前に柵列も見える．（群馬県教育委員会写真提供）

石を敷き詰めた清浄な空間が設けられている。その二つを貫通して木の樋が敷設されたとみられる溝が延びている。さらにその元をたどると広大な西濠に行き着くが、そこには長さ三〇メートルもの水道橋が掛け渡されているのである。

　これらの施設は一連のものであり、館の外の水源から聖水が水道橋（掛樋）をわたって導かれ、館内の二つの石敷きを経由して流れ下るシステムとなっている（図31）。館に入ってすぐの一号石敷は幅四メートルほどの六角形で、中央に据えられた木の槽に水が落とされる仕掛けとなっており、ここから水は樋を伝って二四メートル離れた二号石敷に至る。こちらは一辺が一一メートルの六角形の空間である。石敷からは、土器や石製模造品が出土し、ここが祭祀場であることを証明する。したがって、一連の遺構は、流水を用いた祭祀（導水祭祀）施設だと考えられる。

この一連の施設を水洗トイレ遺構、あるいは死者の遺体を清めるモガリのための施設だとする意見もある。しかし、私はその説をとらない。なぜなら、三ツ寺Ｉ遺跡では主屋を正面にして、左に井戸（湧水）祭祀、右に流水祭祀を配しており、これらが一体で企画された大規模な水の祭祀施設だと考えるからである。井戸は弥生時代以来の伝統的な水利施設、流水は渡来系治水技術を象徴する新しい水利施設、この両者を兼ね備えることが三ツ寺Ｉ遺跡の基本設計の要なのであり、渡来人を移入してまで水利開発を進める首長が水源地に構想した祭祀ターミナルに他ならないと筆者は理解している。

各地でみつかる導水祭祀跡

前述のように、井戸の祭祀は弥生時代から伝統的に行われてきたが、古墳時代になると水源の祭祀がさらに顕著にみられるようになる（穂積二〇一二）。

たとえば、三重県伊賀《いが》市の城之越《じよのこし》遺跡は台地の裾の低地にあり、いくつかの湧水とそこから流れ出る流路を石貼りによって美しく整え、流路の合流部には立石を設けて庭園のように設えている（図31）。祭殿とみられる大型の建物も併設される。出土するのは四世紀後半の木製刀形・剣形・弓・琴、土器類などの祭祀用具であり、ここが湧水を取り込んだ祭場であることがあきらかである。遺跡北方には同時期の石山《いしやま》古墳（一〇〇㍍）が、南西には三重県でもっとも卓越した首長墓系列である美旗《みはた》古墳群が存在しており、本遺跡は、伊賀上野盆地の最有力首長が営んだ祭祀の場に他ならない。こうした水源の祭祀は、奈良県奈良市の南紀寺《みなみきでら》遺跡や岐阜県関《せき》市砂行《すぎょう》遺跡などでも知られている。

加えて、三ツ寺Ｉ遺跡の主屋右方の導水施設に類似したものも、近年発見例が増えている。先に取り上げた奈良県南郷遺跡群のなかに、南郷大東《なんごうおおひがし》遺跡がある。遺跡群の谷間の一角に、水をせき止めた石張りの小さな人工池を構え、そこから浄水を樋で導いて木漕に落とし、祭祀を行っていた五世紀前半の遺構である（図31）。この構造は、まさに三ツ寺Ｉ遺跡と同形式の導水施設に他ならない。南郷遺跡群では、首長の政治的シンボルである高殿《たかどの》が眺望地に営まれ（極楽寺《ごくらくじ》ヒビキ遺跡）、その膝下に渡来人によって営まれた鉄製品や金工品の製作工房（南郷角田遺跡など）が展開しているのはすでに紹介したとおりだ。以上のように、ヤマトの葛城地域で王権の一翼を占めた大首長も、上毛野の有力首長も、と

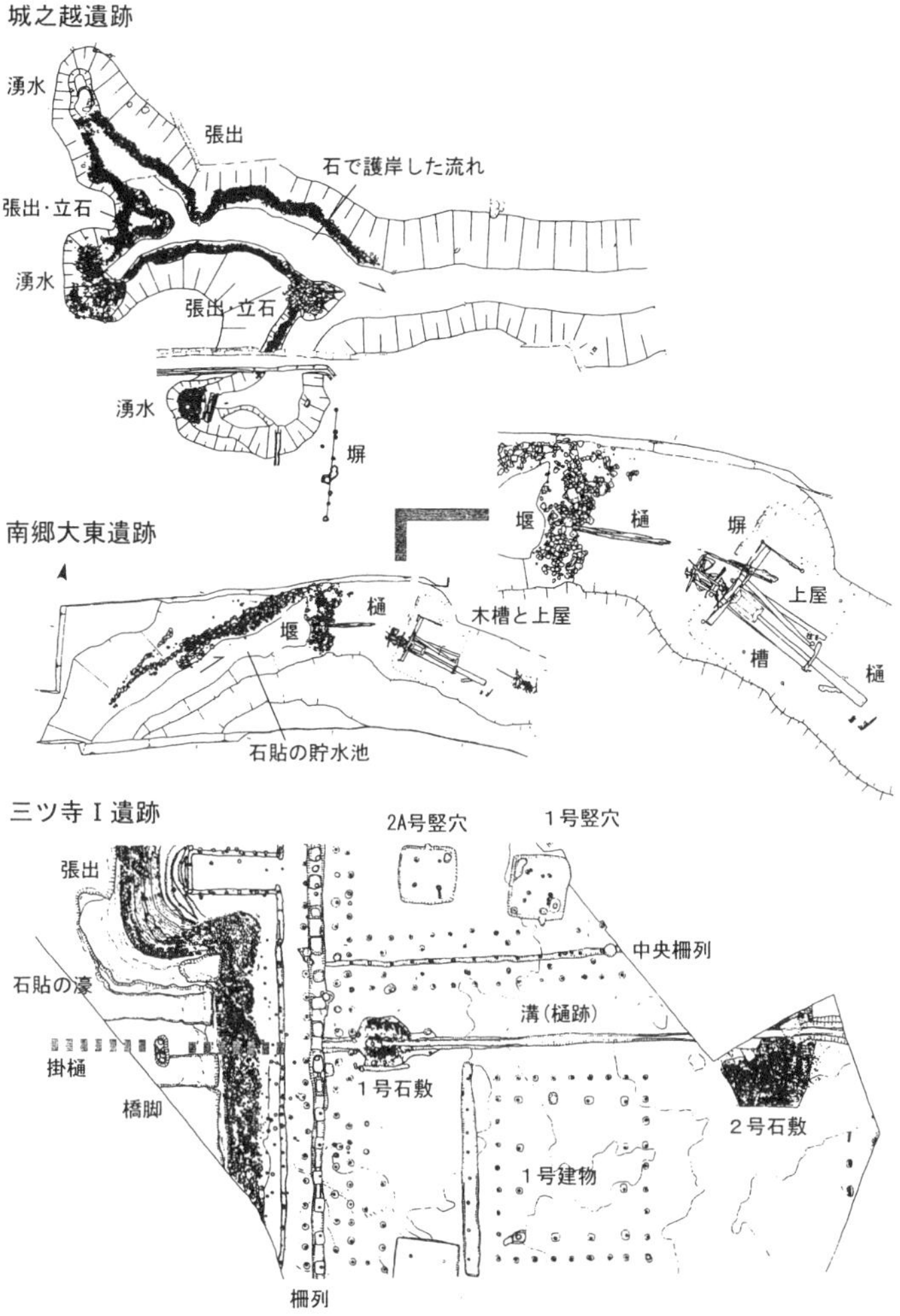

図31　代表的な井泉・導水祭祀遺構（三重県教育委員会1992『城之越遺跡』，橿原考古学研究所2003『南郷遺跡群』，群馬県埋文事業団1988『三ツ寺Ｉ遺跡』より）

もに導水の祭りを行っていたことが判明したのである。

導水施設を表す埴輪

導水の祭祀場は、滋賀県服部《はっとり》遺跡や奈良県の纒向《まきむく》遺跡、大阪府神並《こうなみ》・西ノ《にしの》辻《つじ》遺跡などで発見され、その事例を増やしている。加えて、この施設を象った埴輪の存在も明らかとなってきた。古くから知られた家形埴輪群のなかに、柵囲みを表したもの（囲形《かこみがた》埴輪）があり、かつては門など外構の造形だと考えられてきた。しかし、囲みの中に槽《ふね》（木をくり抜いた大型容器）を象った土製品を置くものが知られるようになり、まさに導水施設のミニチュア版であることが確実となったのである。

大阪府藤井寺市の狼塚《おおかみづか》古墳は、古市《ふるいち》古墳群のなかの誉田御廟山《こんだごびょうやま》古墳（応神陵古墳、四二〇メートル）に付随して造られた円墳（径二八メートル・五世紀前半）である。誉田御廟山古墳の陪塚《ばいちょう》（主墳に関連した小型墳）とみなされる。狼塚古墳には「造り出し」という祭壇が付属するが、そこから濠に移行する部分に玉石を敷きつめて囲形埴輪を据え付け、中央に槽形土製品を設置していた（図32）。巨大古墳の衛星のごとき古墳にこの埴輪がみられることは、巨大古墳の主である大王やその側近が導水施設において水の祭儀を執行していたことを髣《ほう》髴《ふつ》とさせる。

奈良県天理市の赤土山《あかつちやま》古墳（四世紀末、一一〇メートル）では、後円部の裾に、まるで居館を表したような方形区画と張出部が設けられ、谷間を表現した部分には囲形埴輪が置かれていた（図33）。居館付近での水源での祭祀場を象ったのであろう。同様の例は、大阪府八《や》尾《お》市心合寺山《しおんじやま》古墳（五世紀初頭、一六〇㍍）、三重県松阪市の宝塚《たからづか》一号墳（五世紀初頭、一一〇㍍）など枚挙に暇がない。このように、実際の水の祭祀遺構とともに、それを象った埴輪がさかんに造形されたことが確認できる。

「モニュメントとしての前方後円墳」の章で再述するが、形象埴輪とは首長の生前の活動を顕彰したものであり、造り出しに置かれたこれらの埴輪は、首長居館の情景を写したものに他ならない。居館を拠点にして首長がさまざまな祭祀を行い、地域を経営した姿が象徴されており、古墳に墓参した民衆はそれをみて首長の事績を偲び、首長が死後も共同体の守護機能をはたしていることを確認したと考えられる（広瀬二〇一〇）。この時期の王の治世において、治水と水の祭祀が大きなウェイトを有していたことを、これらの考古学的事実が教えてくれているのである。また、導水遺構とそれを表した埴輪が、九州から関東に広がりをみせることから、水の祭祀は各地の有力首長にも広く共有された祭式であったことが知られるのである（今尾二〇〇五）。

図32　導水施設を象った埴輪（狼塚古墳，藤井寺市教育委員会写真提供）

図33　豪族の居館と導水施設を象った埴輪群
中央の谷間に水の祭祀場とみられる埴輪が置かれる．（赤土山古墳，復元）

三ツ寺I遺跡の性格

以上のことから、三ツ寺I遺跡の性格は次のように説明できる。榛名山東南麓の井野川《いのがわ》流域の首長は水稲農業の刷新のため、水源の掌握と用水網の確立を企図し、湧水地に象徴施設の建設を計画した。築造にあたっては渡来系の治水・農業土木技術が投入され、小河川を制御し、築堤を行い、貯水地の機能が併設された。加えて、水源祭祀＋井戸祭祀＋流水（導水）祭祀をあわせて行う政治・祭祀センターとして整備されたのである。

首長は館内の施設で水の祭りを核としたさまざまな祭祀を執行して集団意識を結集させ、広大な水田域の集約化や新田開発を推進していった。おそらく、水源から湧き出た水は、居館における首長の祭祀や貯水によって浄化され、神聖水として膝下の水田地帯に流下していったのではなかろうか。

居館での祭儀と埴輪群像

三ツ寺I遺跡の北西一キロに保渡田《ほどた》古墳群がある。五世紀第3四半期から六世紀初頭にかけて三基の一〇〇メートル前後の大型前方後円墳（井出二子山《ふたごやま》古墳・保渡田八幡塚《はちまんづか》古墳・保渡田薬師塚《やくしづか》古墳）が継続して造られており、三ツ寺I遺跡の継続年代とほぼ重なることもあって、ここが居館の主の墓所であることは確実といえる。そのうち、二番目に造営された保渡田八幡塚古墳は、人物埴輪の配列が早くに明らかになった古墳として著名である。一九二九年、在野考古学者の福島武雄らによって、古墳を覆ったFAの下から掘り出された人物埴輪群像は、立てられた位置をそのまとどめ、通常ならば割れ散ってしまう埴輪の向きや関係性がみごとに温存されていた。

埴輪群像は五四体。内堀と外堀の間の内堤に置かれており、配列状態からⅠ～Ⅶ群の七つの群に分けられた（図51）。各群には、それぞれ首長とみられる人物が存在するため、首長が主催する時間と空間の異なる複数の場面が表現され、あたかも絵巻のように結合していたと筆者は解釈する（若狭二〇〇九）。それぞれの群の内容は後論するとして、ここで特筆しておきたいのは中央の「Ⅰ群」と名づけた群像である。Ⅰ群は、六体の人物と二体の壺、二体の雌雄の鶏からなるグループである（図34）。

人物の詳細は、椅子に座った巫女（ア）、その背後に立つ巫女の介添えとみられる人物（イ）、巫女に対座する冠をかぶった首長（ウ）、首長の両隣りで椅子に座る男（エ・オ）、椅子に座って琴を弾く人（カ）である。アは二連の首飾りをし、意須比《おすい》というショール状の祭服をまとい、坏を差し出している。壺は、対座人物群の手前と後ろに置かれており、手前は低い器台に載せられた大壺で、内部に柄杓形土製品が差し込まれ、奥は高い器台に載せられた中型壺であった。

これらの群像は、神聖な水を入れた大壺から、イの人物が柄杓《ひしゃく》で小壺に汲み分け、それを巫女（ア）の坏に注ぎ、巫女はその水を首長（ウ）に献じる所作を行い、その脇に重臣（エ・オ）と琴弾《ことびき》（カ）が立ち会い、近くに鶏が存在する、というセット関係、ストーリー仕立てで造形されている。

図34　八幡塚古墳のＩ群埴輪（復元，左端が巫女）

古事記の神まつりと埴輪群像

ところで、『記』には次のような伝承が記録されている。仲哀《ちゅうあい》天皇の時のこと、熊襲《くまそ》（南九州に住む王権にまつろわぬ人々）を討つために出兵した天皇は、筑紫《つくし》の訶志比《かしい》宮（香椎宮）で神占《かみうら》を行った。天皇が琴を弾き、重臣の建内宿禰《たけのうちのすくね》が祭祀の庭に出て神託を求めると、神功《じんぐう》皇后が神懸り、熊襲を討つよりも海の向こうの宝が満ちた国、新羅《しらぎ》を討てというのである。しかし、天皇は神の意志を疑って服さないでいると、暗闇の中（神占は夜に行われた）でたちまち神罰により命を絶たれてしまうのである。往時は、折々の行動判断に神の意思が求められたのであり、しかもその神意は、倭国の最高権力者である天皇の命までたちどころに奪うほど強烈と観念されている。『紀』にも、同じような伝承が載せられており、ここに古代の神まつりの構成人物とその情景を類推することができる。

『記』の構造は、首長・巫女・重臣からなる構成メンバーと、琴による神呼び、夜のシチュエーションから成っているが、先のI群埴輪群像も首長・巫女・重臣・琴弾・（鶏・侍臣・壺）の構造となっており、共通する点がとても多い。鶏も朝告げ鳥の性格からすれば、夜から昼への時間性を暗示するものであり、I群埴輪群像は首長が生前に行った神まつりの場面を表したものと考えることができよう。

また、壺と坏を組み合わせることから、水を媒介としたまつりの場面に他ならず、五四体の埴輪群像の中心に置かれることからみて、首長の数ある祭祀のなかでも最重要のものであったと判じてよかろう。これは首長が生前に、三ツ寺I遺跡に特設された導水施設や井戸の前で行った水のまつりそのものに他ならない。南郷大東遺跡の導水祭祀場では松明《たいまつ》の燃えさしが出土し、祭祀の執行が夜と推定されていることも上記のことと矛盾しない。首長による水まつりの象徴性を改めてここに確認することができよう。

首長の地域開発

低湿地の開発

三ツ寺Ｉ遺跡を構え、大きな前方後円墳を築造した首長の地域経営の実際はどのようなものだったのか。上述のように、水を管理して祭祀を執行し、その情景を埴輪に残した首長の経済基盤は水稲農業に他ならなかった。むろん、他の地域では漁業や手工業、流通などにウェイトをおく首長もあったが、列島の多くの地域で農業が地域経済の要であったことは疑いなかろう。これは、古代税制の基本が稲による「租《そ》」である点や、江戸時代の諸藩の経営基盤が米の石高によって管理されていたことからも明らかである。

上毛野では、榛名山や赤城山の山麓扇状地から湧きいずる豊かな水を管理して農業経営に当たってきた。扇状地から流れ出たあまたの河川は、網流して低湿地を形成したが、大河川沿岸のように氾濫を起こすことも少なく、広く安定した農地が確保できたのである。その経営プロセスを榛名山東南麓を例にとって概観してみよう。

まず、当地で稲作が本格的に開始された弥生時代中期（紀元前二世紀頃）には、集落は台地部や扇状地端部を中心に立地し、一部は自然堤防上や低湿地に進出した。しかし後期（一世紀）になると分布が変わり、井野川下流や利根川沿岸の低湿地にほとんど遺跡が見出せなくなる。悪水が滞留する低湿地経営に頓挫し、撤退したと考えられるのである。

ところが古墳前期（三世紀）になると一転して低湿地に遺跡が多量に出現し、このエリアの大開発が始まったことがわかる（図35）。低湿地に進出したのは、在来弥生人ではなく、外部からの移入集団であり、主に東海西部の人々であった。なぜなら、低地部に出現した遺跡には、土器様式・墳墓形式・住居形式・木器様式など、あらゆる面で東海西部型の文化が保持されていたからである（若狭二〇〇七）。

東海西部集団の移入

土器様式は在来の中部高地系の弥生土器とはまったく異なるS字状口縁台《こうえんだい》付甕《つきかめ》（S字甕）を核とした東海西部様式である。二、三世紀には、東日本一帯に東海系土器が移動するが、ここ上毛野にはもっとも濃厚に定着した

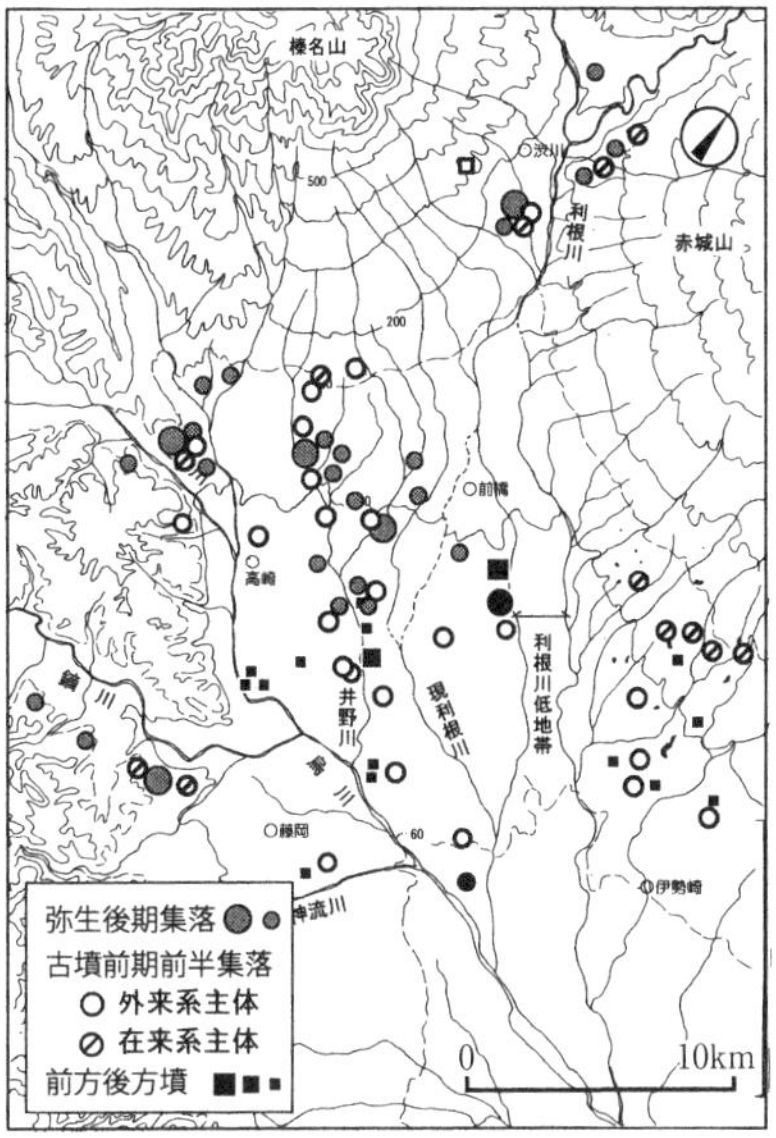

1. 弥生後期集落と古墳前期前半集落・古墳

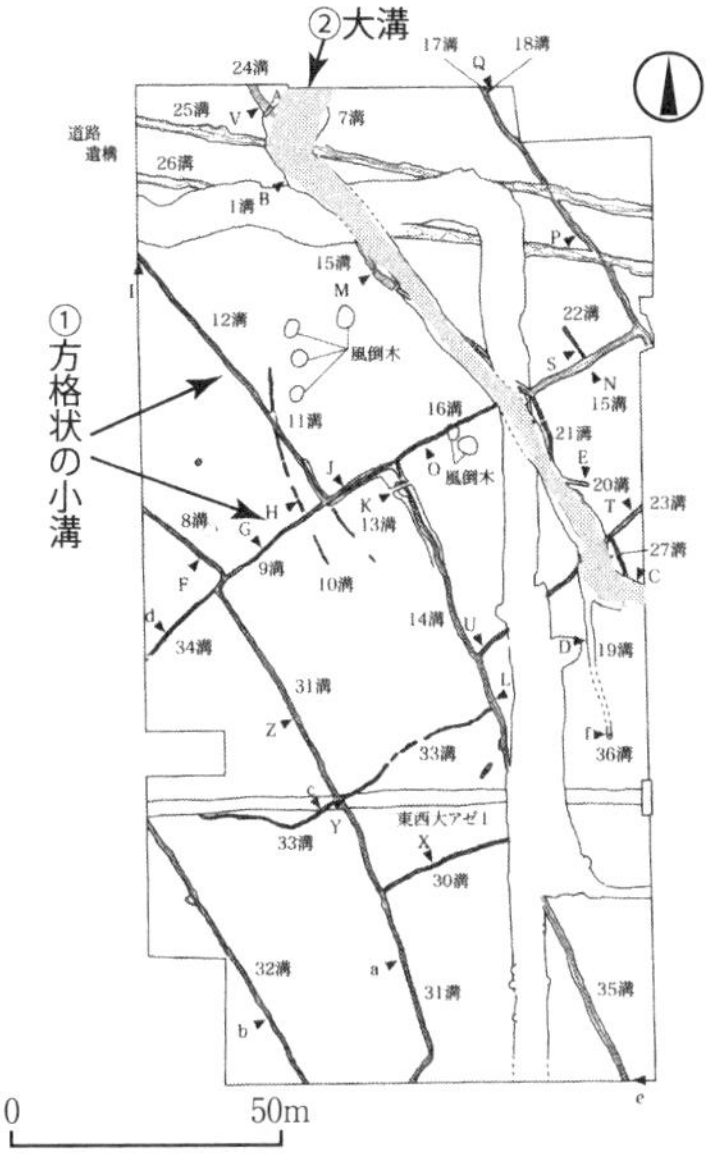

2. 砂町遺跡における低湿地の水田化

図35　榛名山東南麓における古墳前期の開発（右：玉村町教育委員会2007『砂町・尾柄町Ⅲ・中之坊遺跡』から筆者作成，左：筆者作成）

ことが知られている。

住居様式は、在来系の長方形で掘り込みが深い竪穴建物が減少し、正方形で浅い竪穴建物や、平地建物の周囲に排水溝を巡らした低地性住居がみられるようになる。墳墓も在来の円形墓ではなく、方形周溝墓となり、上位層は東海西部起源の前方後方形を呈する墳墓を採用している。そこでの葬送儀礼に用いられた土器もむろん東海系であり、華麗に飾った壺（パレス壺）や、伊勢地方で流行する伊勢型二重口縁壺を用い、故地の作法を遵守している。また、この時期から木器生産がさかんに行われるが、農具も東海型の鋤に転換する（樋上二〇一〇）。

東海西部の人々は、古来、木曽三川（木曽川・長良川《ながらがわ》・揖斐川《いびがわ》）が合わさる広大なデルタ地帯である濃尾《のうび》平野を耕してきた。それに適合した東海型の木器を生み出し、低湿地を経営するソフトウェアを培ってきたのである。弥生後期後半、邪馬台国時代の政治的な変動にともなって、当時の倭の中核のひとつであった東海地方の人々は、さかんに東へのネットワークを形成し、情報交流を行った。同時に、寒冷化・多雨化など環境変化にともなう耕地の荒廃なども手伝って、東への大規模な移住を企図したと考えられる。

かれらは迷うことなく、在来の弥生集団が利用していなかった上毛野の広大な低湿地に移入している。弥生後期の情報網を通じて、豊富な山麓湧水に潤された広大な低湿地が関東平野奥部に広がり、手つかず状態であることを知っていたようだ。山麓緩斜面地であるために河川洪水に浸食されにくく、管理しやすい可耕地であることを熟知し、計画的かつ組織的に移入したのであろう。

低地開発の手順

彼らが定着した頃の低湿地は、花粉分析やプラントオパール分析によると芦原が広がり、滞水が著しい状況であったらしい。在来の弥生人が手をこまねいていた低湿地の耕地化プロセスを、玉村町砂町《すなまち》遺跡にみることができる（図35）。

砂町遺跡では三世紀後半に、幅〇・五〜一㍍、深さ五〇㌢ほどの方格状の小溝が遺跡全面に掘削される（第一段階）。これによって低湿地の滞留水を排出し、半乾燥化をはかったのである。しかる後に幅五㍍、深さ一・五㍍ほどの大溝が開削されている（第二段階）。半乾燥した土地に基幹用水路をもうけ、給排水系を整備したのである。大溝は直線ではなく、クランク状に蛇行しながら流下するが、屈曲部に堰を設け、小水路に分水している。砂町遺跡から北方の前橋市徳丸仲田《とくまるなかだ》遺跡でも、まったく同じ構造の同時期の大水路が見つかっている。両遺跡の水路が繋がっているかは明らかではないが、いずれにしても三・四世紀段階で、延長数キロもの広域水路が整備された可能性は高い。

こうしたプロセスをへて、古墳時代前期の水田域は完成し、そこからの収穫物が大型古墳築造の経済的な裏付けとなった（若狭二〇一三b）。その結果、大型前方後方墳の高崎市元島《もとしま》名《な》将軍塚《しょうぐんづか》古墳（九五メートル）や前橋八幡山《はちまんやま》古墳（一三〇メートル）が成立した。水利と新田開発を巡って幅広い集団利害を調停する広域首長が出現したのである。

四世紀までに、上毛野南部地域の低湿地の多くは、右のような過程を経て水田化されていった。しかし、古墳時代の飽くなき開発思考は次なる展開を遂げていく。

次段階の開発・山麓への移動

筆者はかつて榛名山東南麓における古墳時代の各種遺跡の分布を、三世紀から五世紀まで時期をおって検討したことがある（若狭二〇〇七）。その結果、集落遺跡は五世紀中頃より低湿地から主体を移し、榛名山麓の扇状地末端へ移動する傾向を見出すことができた（図36）。その移動先には首長居館の三ツ寺Ⅰ遺跡や、もうひとつの居館である北谷《きたやつ》遺跡も出現している。

同時に、前方後円墳の築造地も山麓へと移る。井野川流域では五世紀中頃から後半にかけて、下流の岩鼻古墳群から上流の保渡田古墳群へと造墓地の移動があり、一二キロも遡上

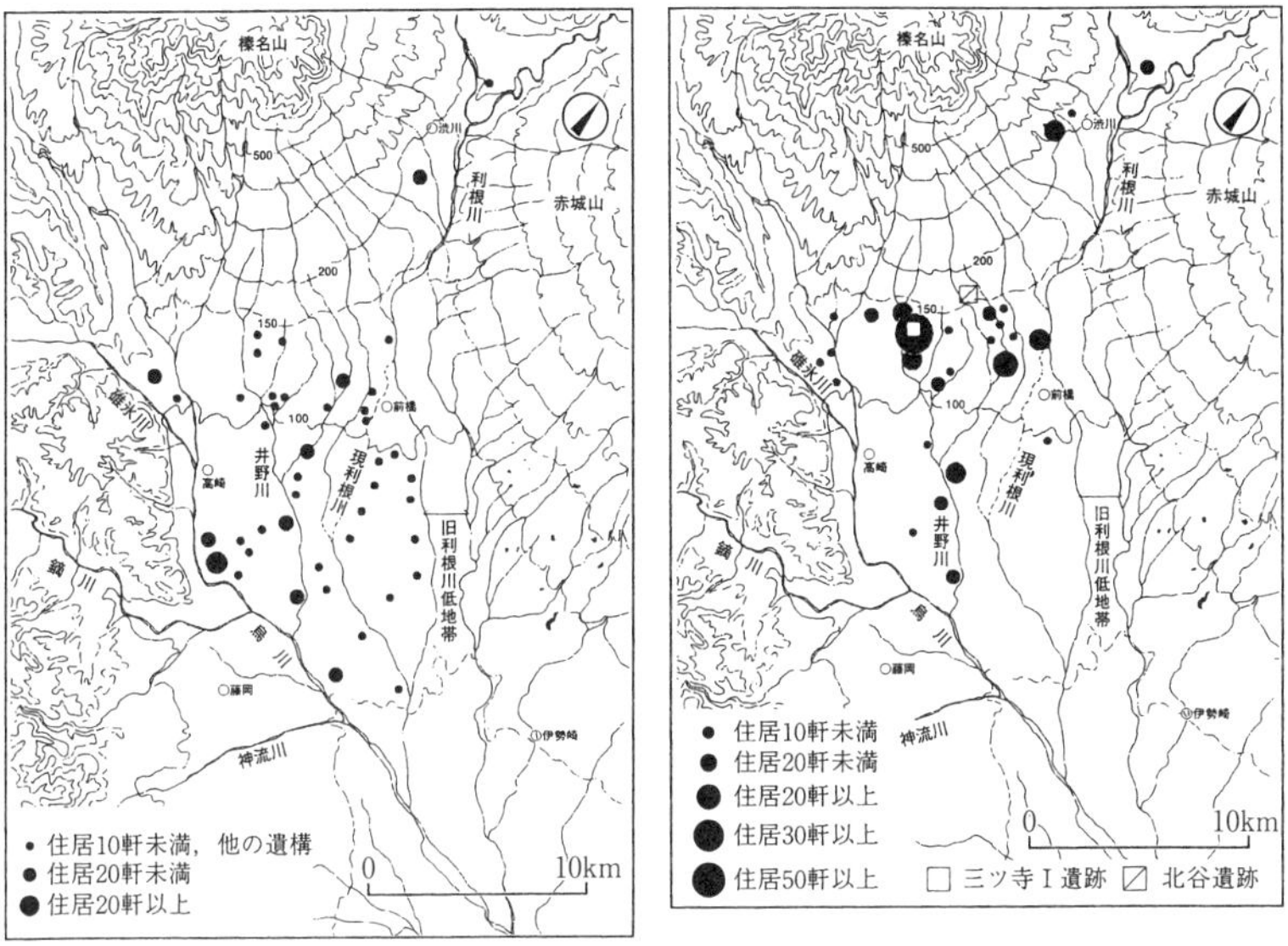

図36　榛名山東南麓の集落移動（左：４世紀，右：５世紀後半）

する。隣接する烏川東岸域でも、下流の倉賀野《くらがの》古墳群（四世紀後半）から扇状地端部の上並榎《かみなみえ》稲荷山《いなりやま》古墳（五世紀後半）へと築造地の移動があり、旧利根川西岸では五世紀後半に広瀬古墳群から上流の総社古墳群が分出している。また、利根川東岸部でも御富士山《おふじやま》古墳（五世紀前半）から今井神社《いまいじんじゃ》古墳（同後半）をへて大《おお》室《むろ》古墳群（六世紀）へと、赤城山麓へ遡上する動態が認められる。

　このように、集落や記念物が山麓部へ一気に移動する現象は、当時の社会政策と連動していたと考えるべきである。筆者は、これを山麓水源の掌握によって農業水利を刷新し、水稲農耕の集約化をはかる政策の実践であったと考えている。首長はあたかも首都機能移転のように開発目的地に社会中心を移動し、居館での祭祀によって人心を結集し、広域用水網の整備と水田域の拡大を断行した。

すでに述べたように、五世紀後半に出現した三ツ寺Ⅰ遺跡は、小規模河川を制御し、堅固な貯水機能をもつ水の殿堂であった。その実現に、渡来系農業土木技術がみられたように、新しい農業政策は渡来人の技術を投入することで実践に移されたとみてよい。いやむしろ、こうした社会政策を行うために、渡来人を目的に招致したと言ったほうがよかろう。

小区画水田の形成

三ツ寺Ⅰ遺跡にみる治水技術は首長配下の山麓地域に投入され、扇状地端部に群在する清冽な湧水群が、水路や掛樋の活用によって効率的に集められた。三ツ寺Ⅰ遺跡に近い高崎市芦田貝戸《あしだかいと》遺跡、井野川下流の上滝榎町北《かみたきえのきまちきた》遺跡からは、幅五〜一〇㍍、深さ二〜四㍍もの規模をもつ人工の大水路が見つかっており、長大な大規模基幹水路が整備されたことが明らかだ（図37）。また三ツ寺Ⅰ遺跡にみるような規模の大きい掛樋《かけひ》によって、谷越えの通水も可能となったはずである。

こうした水の集約に連動して展開したのが、小区画水田構築法である（工楽一九九一）。

図37　芦田貝戸遺跡の大溝

幅10m，深さ4m．洪水土が堆積した様子が断面にみられる．（高崎市教育委員会写真提供）

図38　見渡す限り広がる小区画水田（御布呂遺跡，高崎市教育委員会写真提供）

大水路から分けられた水は、中水路を通じて水田地帯に導かれる。そこには小畦《あぜ》で二《メートル》四方ほどに区割りされた小区画水田が見渡す限り広がっている（図38）。水田域は、地形の傾きに従った大畦によって広く囲われ、その中が細かく区割りされているのだ。水路の水はまず大区画に導かれると、入り口部の連続した筆に流れ込む。ここで水位が微調整され、そこから小区画に流入する。

小区画部分では、縦畦が先に連続して作られる。縦畦は等高線に対して直角に作られ、その間を横畦で区切っていくのだ。水は縦畦の間を緩やかに流下し、横畦の中央に空けられた水口から次の区画に入っていく。むろん小区画の一筆の中は水が水平にたまるので、外見上は平野の棚田のごとき景観となる。この畦作りは、水を少し入れながら水位を調整しつつ行われたことだろう。そして各縦系列を流れてきた水は、大区画の末であつめられ、次の大区画に供給される。

大区画水田のばあい、水田面を水平化するために地盤の大幅な整地が必要となるが、小区画を採用したことで緩傾斜地形に従った水田構築をスピーディーに行うことが可能となった。小区画水田技法は、省労力で広大な土地を水田化できるとともに、きめ細かい田越しの水配りによって、限られた用水の効率的な運用を実現するものであった。牛馬耕作が未発達のこの頃の状況では、大区画のメリットはそう大きくなかったのかもしれない。そしてこの技法の採用は、三ツ寺I遺跡の構造にみる一連の水利開発政策と連動していることに注意が必要である。

農法と祭式のシステム化

山麓に分布する多数の水源を掌握し、高度に集水・貯水・分配し、それを小区画技法で開発あるいは集約化した広大な耕地において効果的に運用する。これに、三ツ寺I遺跡で行われたような導水・井泉《せいせん》祭祀を組み合わせる。当地で推進された事業は、「農法」というハードウェアと、「祭式」というソフトウェアの複合体だったのであり、こうしたシステムそのものを首長は外部から移入したと考えられる。

当地の首長が学んだのは、葛城氏などが実践する王権中枢の地域経営システムであった。先に紹介した導水祭祀遺構やそれを象った埴輪の広がりからみれば、各地の有力首長がそのノウハウを導入したことが推測される。一連の耕地拡大策は、現代の圃場《ほじょう》整備の先駆けとでもいうべき周到なものであった。高崎市横手湯田《よこてゆでん》遺跡や芦田貝戸遺跡などでは、古墳時代前期～中期前半に集落域だったところを廃し、中期後半には水田域に変更している。系統化された農業水利を効果的に運用するためには、かつての自然集落の一部を廃し、面的に水田域を押し広げることが必要だったのである。これに連動して、山麓に設けられた首長居館の周囲では、大規模集落が突然展開しており、耕地改良と連動して集団組織までが計画的に再編された可能性が高いのである。

水田経営と用水権

田づくりのサイクル

FAに埋もれた水田遺跡の観察から、往時の田づくりのサイクルが復元されている。火山灰直下の水田は、どの場所でも同じ瞬間に埋没したものであるが、実は発掘された水田の様相には相当の異なりがある。たとえば、次のようなあり方である。

A……しっかりとした方眼状の小区画水田がある。
B……縦の畦だけが存在している。
C……畦がなく、地表に踏み込んだ足跡がついている。
D……畦が半分壊されて、地面に鋤き込みの跡がたくさん残っている。

E……小区画の畦があるが、Aのように際だっておらず、くずれた状況。

結論を述べると、これはEからAの順で田づくりの過程を表していると考えられ、能登健はこうした状況を解釈し、火山災害は初夏であったと推定している（原田・能登一九八四）。Eは昨年の状況のまま畦が風化した田である。今年は放置されるかこれから田づくりが始まる状況にある。Dは古い畦を壊して荒田起こしを行い、雑草などを鋤き込んでいる段階とみられる（図39）。Cは田起こしの後に一度水を入れ、水田面の調整（代かき）を行っている状態、水を田に入れたので泥田となり、足跡が深く潜っている。Bは水勾配にそって縦畦を平行して作っている段階。Aは縦畦の間に横畦を作り、区画を完成した段階である。このようないくつかのサイクルの田が、一気に火山灰に埋没しているのである。

一方、渋川市中村《なかむら》遺跡の水田を覆ったFA直下から稲籾が多数発見された事例を落穂とみて、噴火の季節を収穫後の秋だったとする説も出されている。しかし、その後そうした例は増えず、なによりも上記のような水田面の多様な状況が広くみられることをうまく説明するには、能登の考え方が合理的である。

ところで、黒井峯遺跡のFP下からは、稲穂が出土した例がある。木の容器が床に埋められたC―147号平地建物において、棚から転落した須恵器の高坏の中に稲穂が残されていたのである（図40）。これは噴火の季節性を示すというよりも、イネの保管方法に関わる好資料である。稲籾は脱穀されず、稲穂の穂首の状態で保存された（祭壇に供えられた）のである。古代律令期においても種籾は穂首の状態（穎稲《えいとう》）で保存されたことが知られ、

図39　畦を壊して田起こし中だった水田（芦田貝戸遺跡，高崎市教育委員会写真提供）

図40　高坏に入れられた稲穂
空気に触れた後，間もなく消滅したという．（黒井峯遺跡，渋川市教育委員会写真提供）

穎稲の単位「束《そく》」で租税の付加も行われていた。この保存方式は古墳時代にさかのぼる可能性が高い。

稲株と根刈

上記のことに関連するが、高崎市上並榎《かみなみえ》下松《さがりまつ》遺跡では、FA直下の水田面に植物の根株が点在する状態で発見された。湿気が高く、腐らずに残されたのである。小区画水田が一一六筆、その多くに分けつした植物遺体が残り、一筆あたり数十株が、二〇～三〇チセン間隔で点在する。これについて、調査報告書の考古学的記載では「稲株」と考察する一方、同書の自然科学分析では遺体から植物珪酸体《けいさんたい》が検出できなかったためヨシ属と同定する（関口他一九九二）。イネとヨシ属では結果が異なってくるが、植物遺体を鑑定したのは一一六筆のなかの一筆の九遺体にすぎない。報告書を吟味すると、植物株の断面観察では地表下数チセンで根に移行しており、ヨシに特有の横位に発達する地下《ちか》茎《けい》がみられない。加えて、畦の上に植物遺体がほとんど存在せず、人の足跡が根株を避けて行動していることから、その大半はイネで、一部にヨシが生えていたとみたほうが合理的である。

この考えに立つならば、稲株が生育しながらも植物上部が倒れておらず、田面には炭化した葉や茎片がみられるので、稲刈り後に野焼きをした状態であると判断される。問題は、刈り取り直後の秋の稲株か、田起こし前の春〜初夏の稲株かであるが、刈り取り後の藁《わら》がみえないことや、野焼きが『万葉集』にも歌われた春の風物詩であることからも、やはり後者ととらえるのが妥当だろう。

畑作の場合は連作障害が発生するため、かなりの頻度で休耕畑が存在したと考えられるが、田の場合は連作が可能である。そのため、多くの遺跡では荒田起《あらたお》こしから畦づくりへと初夏の作業が進行しているが、この遺跡では田起こしがまだ未着手で、稲株が残っていたと理解しておきたい。

そして根株の検出は、収穫が穂首刈りではなく根刈りであったことを教え、背後に鋭利な鉄鎌が普及したことを推定させる。黒井峯遺跡の平地建物で出土した鉄鎌の用途を髣髴とさせよう。先にイネは穂首を保存するとしたが、根刈の後に穂首を落とせば大量の稲藁が残される。今でこそ稲藁は利用度が低いが、近年までその利用法はきわめて多彩であった。民俗例でみると、まず藁を編んだ編み物が幅広く存在した。縄・米俵・ムシロ・円座・ホカイ（容器を包む保温具）・ミノ（雨具・防寒具）などである。畑への冷害を避け栄養に供するための敷藁も行われていた。また、家畜の飼料に用い、家畜小屋にも敷藁を行い、糞尿を藁に染み込ませ畑に敷き、肥料に転じる。稲藁を屋根材に用いる場合もあり、その利用法は無限であった。考古資料としては腐って残らないが、こうした幅広い稲藁の利用法が古代にもあったと想定しておいたほうがよいだろう。

また黒井峯遺跡のⅠ・Ⅵ単位群の柵の脇に数メートル四方の籾殻捨て場が検出されている。籾の繊維が炭化せず白色に変じたものであるが、このように集積されていたことは、脱穀した籾殻の二次利用（肥料・飼料など）の可能性を考えさせる。

用水の流末と大河川の利用

水源から大水路を経由して分配され、水田域に掛け流された用水は、ひとつの大区画を潤すと次の区画に流し込まれ、再び田越しに小区画水田を潤していった。これを繰り返しつつ、余水は再び水路に戻された。用水管理においては、給水系と排水系がともに不可欠であり、排水系は前にもみたように、湿地の悪水を除去する役目も負っていた。そして排水は再び下流の給水系として機能し、最後は大河川に放流する仕掛けになっていた。排水系がうまく機能しない場合、大水で生産エリアは水浸しとなり、イネが壊滅することになってしまう。こうした排水系は、「よけ川（除川）」とか「はけ川（掃け川・端気川）」と称されることも多い。首長は、水系を同じくする用水を掌握していたはずだが、排水系を通じて余り水を融通するなど、隣接首長とも水利ネットワークを結んでいた可能性が高い。

古墳時代の用水管理は、主に湧水の取得と小河川の管理を基本として、堤防や堰を有した貯水池をもうけ、大水路や掛樋によって送水を行ったことがこれまでの検討から明らかだ。しかしながら、規模の大きい、たとえば利根川のような河川管理はいまだできなかったと考えられてきた。深さ一メートル内外の河川利用がせいぜいで、飛鳥時代（七世紀の推古朝）になって初めて、国家的大事業としての河川・用水管理が進んだとされているのである（広瀬二〇〇〇）。大阪府古市古墳群の中を貫通する最大幅二〇メートルもの大水路「古市大溝」は、かつて五世紀の大開発の所産とされたが、いまでは七世紀の開削だと結論づけられている。

ところが、上毛野の泥流下の水田跡の検討から、筆者は古墳時代にはもうすこし進んだ河川管理が行われていたと考えている（若狭二〇一二）。榛名山東南麓の水田遺構は、火山灰にも埋もれたが、噴火の後に発生した洪水堆積物（土石流・泥流）によっても埋没している。噴源から遠い水田では、火山灰よりもむしろ泥流で埋没した例が多い。この泥流が流れ、水田を覆っていった経路こそが、当時の用水系統の実際を反映したものなのである。

大まかにみると榛名山東南麓の埋没水田域は二つに分かれる（図41）。図中の1エリアは、山麓に近く、火山灰に覆われた後、きわめて厚い泥流に埋没している。山に近づくほ

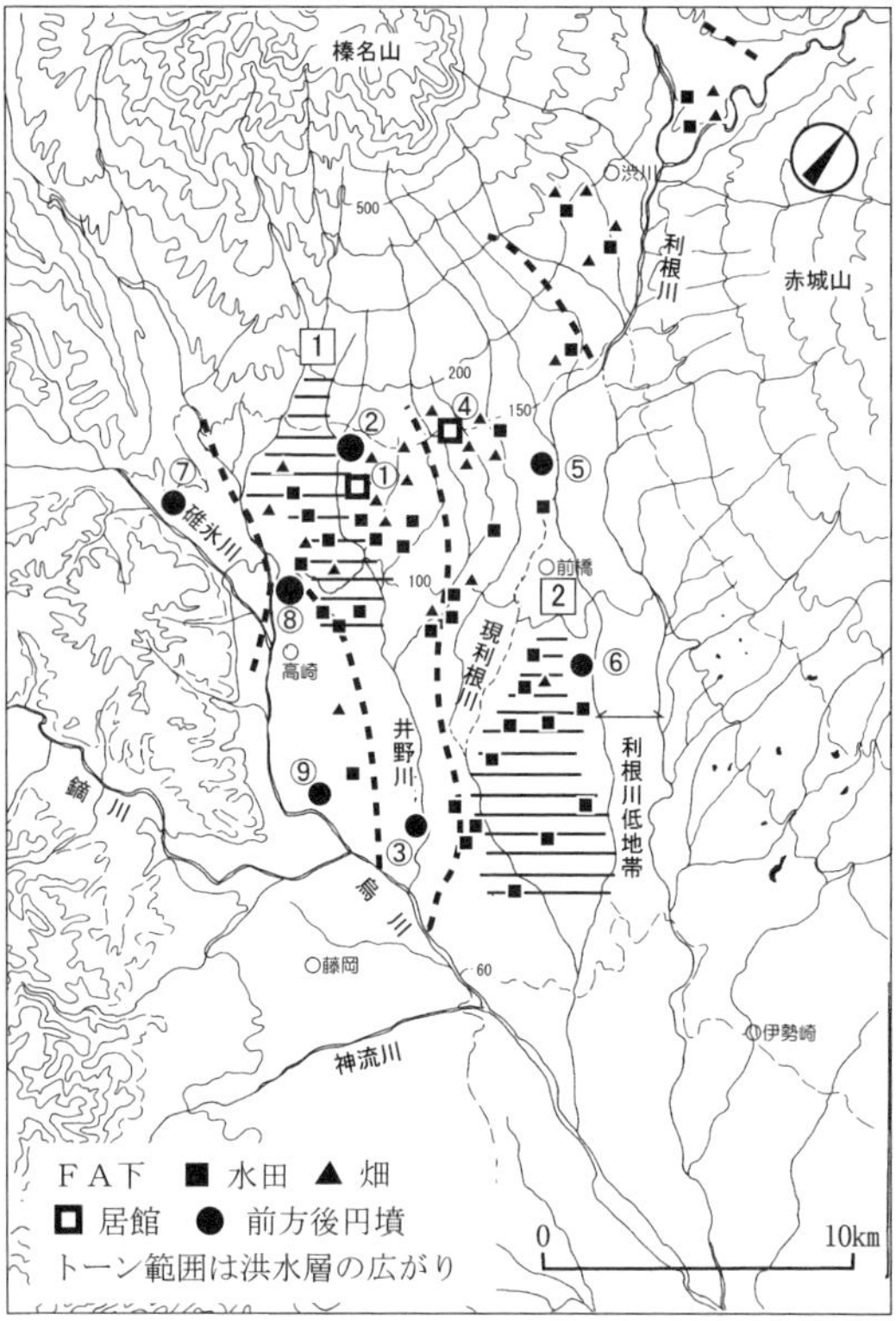

図41　榛名山東南麓における２系統の被災水田域
①三ツ寺Ⅰ，②保渡田古墳群，③岩鼻古墳群，④北谷，⑤遠見山（総社），⑥弦巻塚（広瀬），⑦平塚，⑧上並榎稲荷山，⑨小鶴巻

どに厚く、深さは三～四メートルにもおよぶ。１エリアの泥流の給源は榛名山体部であり、噴火後に谷間に溜まった噴出物が川をせきとめ自然ダムとなり、それが一気に決壊して五キロエリアの水田を埋め尽くした。これは山麓河川（井野川系）の水利をおそって流れ下ったも

のである。

しかし、2エリアはこれとはちがって榛名山からはるかに離れており、1エリアの被災域とは繋がっていない。したがって、別な給水系統に属した水田域と推定されるのだ。しかもこのエリアは傾斜が緩く、泥流も水田を薄く覆っているにすぎない。その一方で被災範囲は広大で、泥流の総量は莫大なものと考えられる。そして2エリアの水源をたどると、その位置は利根川低地帯に求められる。

2エリアは、幅三キロの低地帯のなかを網目のように流れていた古利根川の流れのうち、もっとも西の河筋から分けた用水によって潤されていたと考えざるを得ない。延長一〇キロにおよぶ2エリアを潤す水量は、大河川の利用を肯定するものであろう。その水田域を埋没させた膨大な量の泥流は、榛名山東麓の複数の河川から流れ出たものであろう。これが利根川に流れ込み、合わさった泥流は勢いを増し、ここから取水していた2エリアの基幹水路の堰を破壊し流入した。そしてその水利系統を伝わり、周囲にオーバーフローしながら広大な水田域を埋没させたと推定されるのである。

このことによって、古墳時代には基幹的な河川から用水を取得する技術があり、かつ実践されていたことが明らかとなる。しかしそのチャレンジの代償は大きく、噴火後の泥流で広大な水田エリアを喪失したのであった。

水田経営の主体者は

1と2の被災水田エリアは、給水源を異にすることから、別な首長の生産システムに属したと考えるべきであろう。そこで、直近の同時期の古墳を探索すると、1エリアは榛名山東南麓の湧水に端を発する井野川水系に属している。よって、保渡田古墳群の首長の経済基盤とみてよかろう。

いっぽう、2エリアの中央には大型前方後円墳が見あたらないが、その取水源を当然首長が管理していたはずだ。したがって、被災エリアと利根川低地帯の接点にちかい前橋市総社《そうじゃ》古墳群や広瀬古墳群などの被葬者が候補となる。総社古墳群には五世紀後半の前方後円墳の遠見山《とおみやま》古墳（八〇メートル）などが、広瀬古墳群にも同じ時期の弦巻塚《つるまきづか》古墳（八〇メートル）が知られている。これらが2エリアの首長墓の候補である。

2エリアの被災域は、現在の利根川を挟んで両側に広がっているが、現利根川は流路が変わっており、もとは東方の広大な低地帯を流れていた。利根川低地帯は今でも幅三キロの低地形となり、古利根川はそこを網流していたのである。中世の頃、古利根川の西に接して流れていた榛名山系の小河川（車川《くるまがわ》）があったが、大水に伴って利根川がそちらに流れ込み、本流に転じてしまったのだ。2エリアは本来、榛名山東南麓の車川水系の用水に、古利根川から分水した水をあわせて賄っていたと考えられる。

1エリアが保渡田古墳群の経済領域であり、その経営拠点が居館三ツ寺Ⅰ遺跡にあったことはすでに述べた。では2エリアのセンターはどこだったのか。筆者は三ツ寺Ⅰ遺跡と同時期に存在した北谷《きたやつ》遺跡ではないかと推定している。

もうひとつの首長居館

北谷遺跡は高崎市北部に存在する五世紀後半の首長居館である。もともと単郭の中世城館とみられていたが、二〇〇〇年の発掘調査で遺構がFAで覆われていることがわかり、古墳時代の所産であることが判明した（図42）。その重要性に鑑み、ただちに確認発掘調査を行うと、三ツ寺Ⅰ遺跡と類似した首長居館であることが確定したのである。九〇㍍四方の方形区画には複数の張り出しが備えられ、幅三〇㍍以上の広大な濠が取り囲んでいる。斜面には石垣が施され、出土遺物からも五世紀後半の遺構であることが明らかである。史跡指定のため、発掘は最小限のトレンチ調査にとどめられているが、内部に一辺一二㍍の大型竪穴建物が存在する。また、湧水地に立地し、水を濠に取り込んで貯水する構造も酷似し、図面を重ね合わせると、三ツ寺Ⅰ遺跡と同規模・同企画であり、きわめて親縁度が高いことがつきとめられた。

二つの居館の関係は

三ツ寺Ⅰ遺跡と北谷遺跡の距離はわずかに三キロ（図29・41）。問題は両者の関係である。豪族は三ツ寺から北谷遺跡に移ったとみるむきもあるが、詳細に遺跡の属性を検討すれば、北谷遺跡がやや遅く成立したものの、両

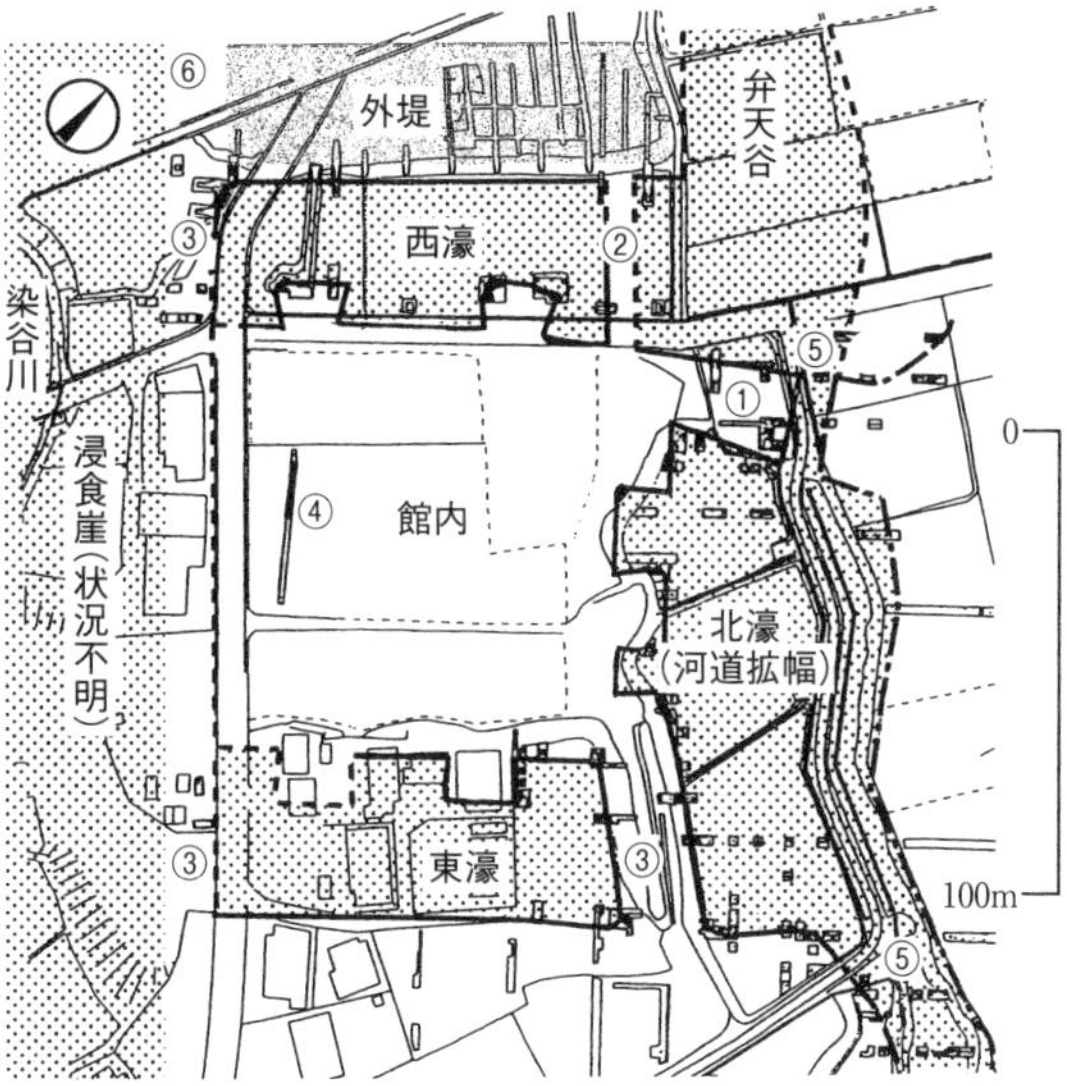

図42　北谷遺跡（群馬町教育委員会2005『北谷遺跡』より筆者作成）
①大型張出，②低土手，③土橋，④大型竪穴建物，⑤堰，⑥冷水村東遺跡

者には併存期間があることが明らかだ。しかも、前者は井野川水系、後者は染谷川《そめやがわ》を含む車川水系に属し、各々が五世紀後半から急成長する膝下の集落域を従えている。よって別首長の地域拠点とみることが妥当である（若狭二〇〇七、杉井二〇一〇）。

そして、前方後円墳に設計規格が存在するのと同様に、首長居館にも規格が存在したのであり、両者を営んだのは同族のような親縁関係にある首長であっただろう。しかも、両居館は、いずれも五世紀後半に山麓湧水地に計画され、水源を確保して広域用水整備を企図したと考えられることが重要である。三ツ寺Ⅰ遺跡は湧水を表す「井出」の地にあり、北谷遺跡も「冷水《ひやみず》」の地にある。しかも各々が猿府川《さるふがわ》、弁天谷《やつ》という水源を首長居館の懐に取り込むように設計されているのである。両首長は、居館の設計だけではなく、その背後にある治水・農業経営のソフトウェアや生産システムまでを共有していた可能性が高い。

このようにみていくと、車川の水源を核として古利根川の水利を統合した2エリアの開発者は、北谷遺跡の首長と考えるのが妥当だ。その統括エリアは、居館から、泥流被害を受けた水利の末端までで、少なくとも長さ一五㌔、幅三㌔の領域を設定することができる。首長の支配領域は当然のことながら、首長居館や古墳を中心とした円形範囲で設定できるようなものではなく、この場合は水利にしたがった細長い領域が復元される。このため、三ツ寺Ⅰ遺跡と北谷遺跡のようにその距離が三キロという一見不合理な近さが、実は合理的なものだったことが理解できるのだ。古墳をもとに行われる地域圏・政治圏の研究は、こうしたことに注意しなくてはならず、一見、古墳が周囲に存在しないエリアも、どれかの首長の政治圏・経済圏に入っていたはずである。

いっぽう、両居館の政治圏の間には水利以外の地理的障壁は存在していない。これについては、集落分布の検討などから境界の設定ができる可能性が高い。実際、両居館に付随する同時期集落の間には、空閑地がある。おそらく入会地《いりあいち》のような境界領域が存在したのであろう。

畑作の展開

ところで、首長の経済活動は、上述のような治水技術を礎とした水稲耕作がメインであったが、畑作もまた大規模に展開していた。集落のなかやその近傍、あるいは水利が行き届かない扇状地面や台地上において、広大な畑跡が発掘されている。

その形状は、畝間《うねま》溝（さく）が平行して掘られ、その間に土を盛り上げた畝《うね》が立てられているもので、今日の畑とまったく異なる点はない（図43）。畝幅の差は作付けされた作物の違いを示しているとみられる。種実の遺存体、プラントオパール、畝の作付痕跡など

図43　畝立てされた畑（黒井峯遺跡，渋川市教育委員会写真提供）

から、陸稲《りくとう》・アズキ・アワ・ソバ・ムギ・シソ・エゴマ・イモ類・根菜等の栽培が想定されている。陸苗代の可能性や畑遺構と畑作の諸相、施肥の問題等については「古墳時代のムラをあるく」の章で述べたところである。

ところで、五世紀には渡来系の治水技術・農法とともに、多種多様な作物も移入されたであろう。韓風の装身具にあこがれた豪族や庶民たちは、大陸渡来の厨房施設（カマド）を使って新たな食材・調理法で舌鼓を打ち、須恵器を用いた塩蔵・発酵などの食品加工法・保存法を獲得していたかもしれない。また、古代には複数種のイネをそれぞれ時期をずらして作付けし、自然災害や虫害で全損するリスクを回避していたことが知られるように（平川二〇〇三）、リスクマネージメントが講じられていた可能性もある。いずれにしても、榛名山東南麓の扇状地上面では、畑作地が相当な面積を締め、水稲農耕とともに両輪の農業経営が大規模に試行され、人々は新たな食文化を享受していたと考えられる。

手工業を興す首長

古墳時代の手工業

古墳時代は、さまざまな手工業が勃興した時代であり、伝統の弥生系の技とともに、渡来系技術の導入がそれをいっそう増進させた。王権が各地の首長に配布することで社会的秩序を保つための威信財《いしんざい》の生産（鏡・甲冑・刀剣・馬具・金工品など）は、ヤマトにほぼ独占されたが、鉄器生産、馬生産、窯業、紡織、製塩などは各地への展開をみせていった。地方首長は渡来人や中央工人の移入によって、手工業の導入にもあくなき執念を燃やしていたと考えられる。

上毛野では、渡来人の移入で馬生産や鉄器生産が始まったことを先に紹介したが、三ツ寺Ⅰ遺跡では木製紡織具の部材が出土しており、首長が先進的な布生産の推進者でもあったことを教えている。着衣のみならず、武具や馬具にも美しい布が用いられたのであり、紡織は渡来系の高機《たかはた》（固定したフレームをもつ織機）の導入によって古墳時代に大きく進展した技のひとつと言える。栃木県下野市の甲塚《かぶとづか》古墳（六世紀）からは、女性が機織《はたおり》する様を造形した人物埴輪二点が出土している。機織が女性の職掌であるとともに、豪族層が埴輪として造形するほどシンボリックな存在、すなわち当時のハイテクであったことを知ることができる。

上毛野の須恵器生産

鉄や塩の生産をみると、古墳時代の手工業は火を効果的に操ることで新たな発展を遂げていくが、窯業もその一環の技術である。四世紀末、渡来工人によって新しい器づくりが始まった。粘土で構築した堅固な窯によってエネルギー効率を上げ、より硬質の土器を焼く須恵器生産である。大阪府堺市ほかに広がる陶邑窯跡群《すえむらようせきぐん》を中核とするが、地方豪族も須恵器生産を受容した。最初は北部九州や瀬戸内沿岸地域で試行されるが、やがては陶邑系の工人が広まる形で、五世紀中頃から各地の地方窯が成立してくる。その範囲は東北地方中部にまでおよんでいった。

上毛野では、陶邑窯の編年に照らすと五世紀後半の高蔵23号型式ないし47号型式の段階

（TK23・47型式期）から生産が始まった。県内の古墳や集落から出土する須恵器には、陶邑窯からの搬入品（a）とともに、これに外形が酷似するが粘土成分が異なるもの（b）、外形に独自性が見られ粘土成分も異なるもの（c）の三者が存在する。bは陶邑からの技術移転で開設されたばかりの他の窯場の製品、cは技術移転からしばらくして地元風にアレンジされた製品ということになる。そしてb・cには、陶邑に後続して開窯し、その後古墳時代を通じて一大須恵器産地となった愛知県東山《ひがしやま》窯などの製品、並びに上毛野の地元に開かれた在地窯の製品が混じることになる。

産地を特定するのに一番望ましいのは、窯そのものの発掘である。その出土品を分析すれば、たちどころに在地品が判明する。群馬県でも太田市金山丘陵《かなやまきゅうりょう》では、六世紀以降の須恵器窯が見つかっているので、東毛周辺の須恵器供給はここから行われたことが明らかだ。

低温（八〇〇度内外）で焼く伝統的な土師器のための粘土は集落近隣で入手しやすい。しかし、高温焼成（一〇〇〇度以上）をともなう須恵器には、耐火度の高い粘土が必要であり、窯の設置場所は良質な粘土資源が包蔵される丘陵部などに限定されていった。このため、窯は比較的発見がむずかしい場所にあり、西毛の古墳時代の窯はいまだ見つかっていない。

そこで、古墳や集落から出土する須恵器のわずかな製作の癖をもとに、畿内産・東海産・在地産などを鑑別していくのが考古学者の腕の見せ所だ。こうした型式研究に加えて、検証手段としての粘土鉱物の理化学分析を併用していくことになる。その結果、群馬県域の出土品によくみられる製作の特徴、それに粘土に含まれる岩石（結晶片岩《けっしょうへんがん》）ならびに微生物化石（海綿骨針《かいめんこっしん》）の産地の組み合わせから、群馬県藤岡市地域で製作された須恵器を特定することができる（藤野二〇〇七）。それが登場する時期は、上述の五世紀後半であり、この時期の首長が技術移入を進め、生産を開始したことがわかる。

この時期には、同じ穴窯の形式を援用した埴輪窯《はにわがま》による埴輪生産も始まった。野焼きあるいは覆い焼きでなされていた伝統的な埴輪生産も、先進技術を取り入れて効率化を進めたのである。こちらについても、須恵器と同様の研究プロセスによって、藤岡市域での生産開始が知られている（志村一九九九）。藤岡産の埴輪は、保渡田古墳群の造営を契機に製作が始まっており、保渡田古墳群の首長が粘土資源の豊富な藤岡市域に窯の開設を進めたと考えられる。同じように火を扱う須恵器生産も、この豪族が関与して在地展開させた可能性が高い。

歪んだ器の象徴性

須恵器には、もうひとつ在地での生産を証明する方法がある。それは、焼成時に変形した製品の出土である。焼きがあまく、歪み、ひびが入ったもの、破裂したもの、他の製品が溶着したものなど、いわゆる失敗品である。これらは通常、窯場にて処分され、流通しないはずの製品であるが、まれに集落や古墳、祭祀場などから出土する。陶邑窯や東山窯など遠方のブランド窯の不良品が流通することは考えにくく、距離的に近い在地の製品とみるのが妥当である。

創業期の地方窯では、生産が不安定で出荷量も乏しいため、こうした製品が流通に乗ったのであろうか。とくに注目されるのは、井出二子山古墳《いでふたごやま》（保渡田古墳群の最初の前方後円墳）からこのような須恵器が出土していることだ。出土場所は、内濠に設けられた中島、すなわち円形の葬送儀礼のステージである。

ここからの出土須恵器群はまっとうな製品が主体だが、そのなかに歪んで正立しない高坏（図44）や、粘土が発泡したハソウ（液体を注ぐ孔がある小壺）が含まれる。これでは、酒を注ぐことも、飯を盛ることもできない。井出二子山古墳はこの時期、東国で最も優勢な前方後円墳のひとつであり、地域動態からみれば、三ツ寺Ⅰ遺跡を創始し、水利事業を起こし、渡来人を招いて産業振興をすすめた偉大な首長の墓と考えられる。その葬送儀礼

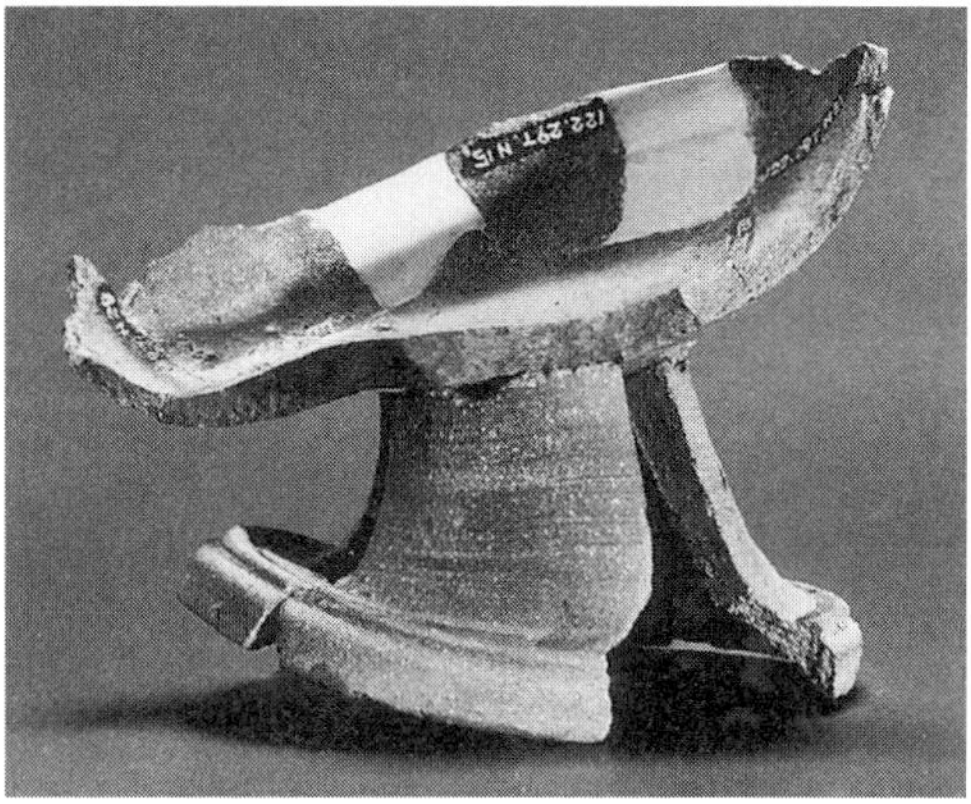

図44　首長の葬礼に供えられた歪んだ須恵器（井出二子山古墳）

にこの失敗品はいささか似つかわしくない。そこで筆者は次のように解釈する。

保渡田古墳群の初代にあたる井出二子山古墳の主は、伝統の井野川下流域から榛名山麓の扇状地端部にその根拠地を移し、水利開発・馬生産・埴輪生産になどに加えて須恵器の在地生産も主導していたのではないか。二子山古墳の須恵器は、明らかに在地産であるが、粘土の含有物からは藤岡市域の粘土であるとは言い難い。したがって、この段階は藤岡市域も含めた各所の粘土所在地で、試行しつつ須恵器生産を創始した段階とみられる。その生産開始期のごく初期の製品が、須恵器生産を在地で押し進めた首長の葬礼にあたって供じられたのではないか。つまりただの失敗品ではなく、初窯を記念する価値ある失敗品だったのではなかろうか。

このように五世紀の首長は、さまざまな産業の扶植を推し進めた。上毛野では保渡田古墳群の勢力がその旗振り役だったのであり、まさに産業王という呼び名がふさわしい活動を展開したのである。

モニュメントとしての前方後円墳

前方後円墳の実像

保渡田古墳群の整備計画

長い歳月を費やして保存整備が完成した時、その荘厳さに、筆者は前方後円墳の存在意義が理解できたような気がした。一五〇〇年前の姿に復元整備され、人々の眼前に雄姿を現わしたのは保渡田《ほどた》古墳群のなかの八幡塚《はちまんづか》古墳である（図45）。これまで紹介してきた榛名山麓の地域経営を推進した首長が、死後に埋葬された奥津城《おくつき》であり、当時の社会集団の諸活動の結果として生み出された歴史的な記念物である。以下、本古墳の調査を軸にして、古墳の持つさまざまな属性、そこから知りうる歴史的事象、古墳というものの社会的意義について筆を及ぼしていきたい。

保渡田古墳群は、五世紀後半から六世紀初頭にかけて相次いで造られた三つの大型前方

図45　築造時の姿を再現した八幡塚古墳（高崎市教育委員会・かみつけの里博物館提供）

後円墳（井出《いで》二子山《ふたごやま》古墳→保渡田八幡塚古墳→保渡田薬師塚《やくしづか》古墳）から成り（図46）、榛名山東南麓の扇状地が平野部に移行する絶好の地に立地する。およそ五〇〇メートル四方に三古墳がコの字形に並び、榛名山を背景に鎮座する。首長居館三ツ寺《みつでら》Ⅰ遺跡から北西に一キロ。時期も同じであることから、生前に三ツ寺Ⅰ遺跡で活動した豪族の墓所とみて間違いない（図29）。居館と墓の対応関係が判明する全国でも稀有な例だ。首長が掌握した扇状地端部の湧水地のすぐ上に

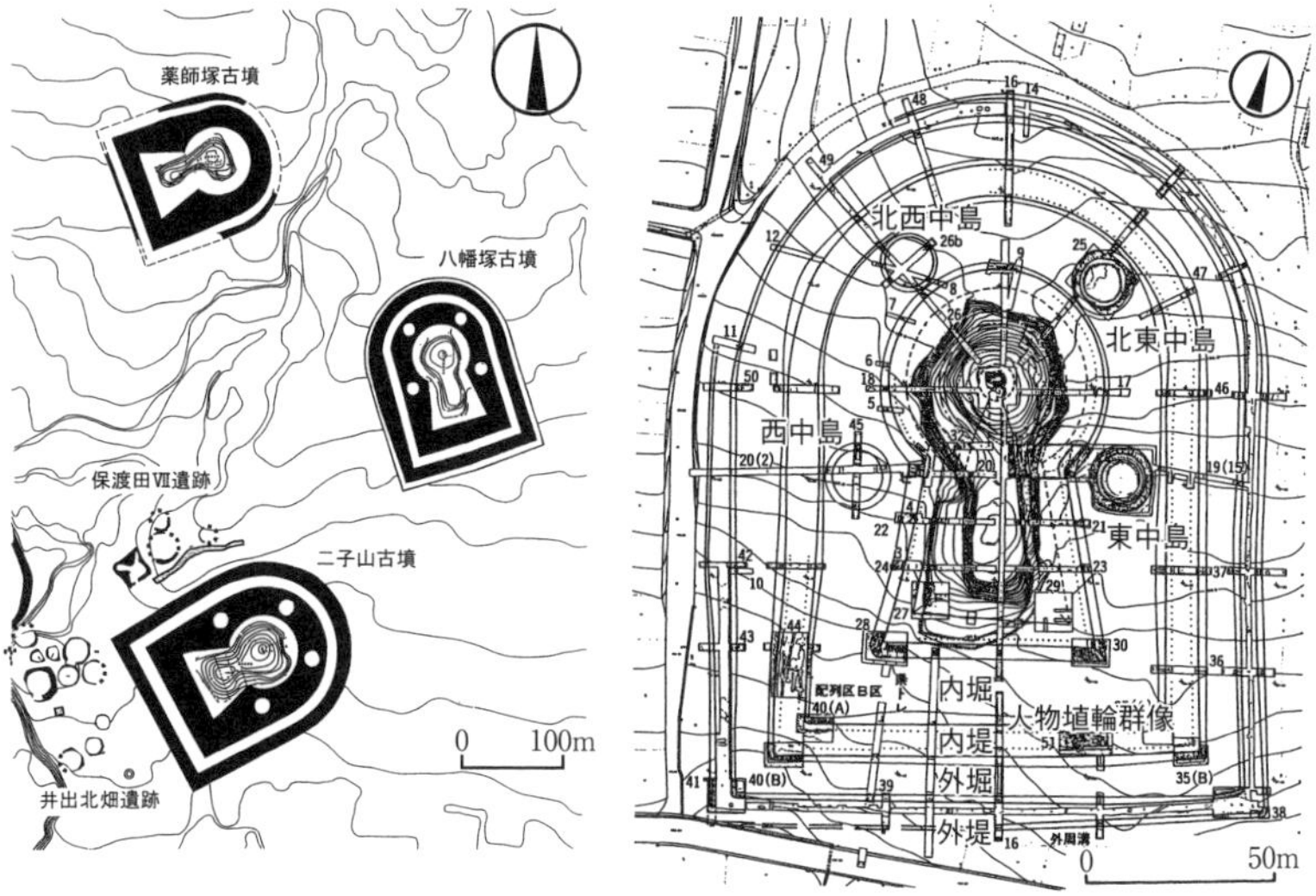

図46　保渡田古墳群の配置（左）と八幡塚古墳調査図（群馬町教育委員会2000『保渡田八幡塚古墳』より）

あり、あたかも水源を見守るかのような占地である。

一九八〇年代、群馬県内三ヵ所に大型古墳公園をつくる構想が立ち上がり、そのトップバッターを切って保渡田古墳群の整備が推進されることになった。当時の状況を振りかえると、八幡塚古墳は長年の耕作で蚕食され、桑畑に囲まれた低い小丘になっており、古くに多量の人物埴輪が出土した有名な古墳であったが、相当にダメージを受けているとみなされていた。一方、その南に位置する井出二子山古墳は改変が少なく残りが良好とみられ、二つの古墳は好対照をなしていた。

この状況をふまえ、八幡塚古墳は徹底調査のうえで築造時の姿に積極復元、二子山古墳は残りのよさを生かし、あまり手を加えない修景整備、という方針が打ち出された。整備後の二古墳を対比すると、一五〇〇年の時の流れが実感できるというわけだ。なお薬師塚古墳については寺院境内であり、整備は今後の課題とされた。

この整備構想にもとづき、地元群馬町（合併後は高崎市）によって古墳の範囲確認→史跡指定（一九八五年）→用地買収→発掘調査→基本設計・実施設計→整備工事の流れで事業が順次進められ、その完成をみたのが二〇〇八年であった。史跡指定から整備完成まで実に二三年。史跡整備とは時間をかけて行う息の長い事業なのである。

前方後円墳を掘る

八幡塚古墳は、墳長九六メートルの三段築成の前方後円墳で、周囲に二重の堀を巡らし、墓域の全長は一九〇メートルに及ぶ。面積は二万八〇〇〇平方メートルで、都会の小学校なら二つは入ってしまう広さを占めている。

大型前方後円墳の発掘調査は一筋縄ではいかない。保存にともなう調査のため、発掘は溝掘り（トレンチ）を主体に最小面積で進められ、墳丘・周堀の要所の構造が点を結ぶように確定されていく。ただし、形状を確定するのに重要な「くびれ部」（前方部と後円部が接続する部分）と前方部の隅角については、面的に拡張して調査することが許可された。また、本古墳の特徴のひとつでもある周堀内の島状施設（中島）の確認も行われた（図46）。その過程でさまざまな課題に直面し、結果的に調査には六年が費やされている。

石棺の調査

調査に着手してすぐ墳頂部を確認すると、これまでは破壊されたとみられてきた石棺が、幸いにも残されていた。凝灰岩をくり貫いた立派な舟形石《ふながたせっ》棺《かん》であり、長さは三・一メートル、幅一・三メートル、身・蓋ともに六つの突起（縄掛突起）が造作されている。しかし、棺はすでに暴かれていた。盗掘は江戸時代のことで、近くの寺院には、この時の出土品とされる金銅製馬具や直刀が保管されている。

石棺は、方形の穴の中に設置され、棺の周囲には人頭大の礫《れき》が無数に詰められていた。礫槨《れきかく》というべき施設である。関東以北の前期・中期古墳には、畿内のような長大な竪穴式石室に棺を収める例は稀であり、木棺を直に埋める「直葬《じきそう》」が基本である。礫槨や、棺を粘土で包んだ粘土槨は厚葬《こうそう》の部類に入り、これに石棺を加えた八幡塚古墳の主は当時の東国で最も手厚く葬られた人物であった（図47）。

棺のスタンダードは各時期を通じて木棺だったが、古墳時代前期後半に刳抜《くりぬき》式石棺が登場、中期にはこれに加えて六枚の加工板石を組み合わせた長持形《ながもちがた》石棺が創出され、大王や畿内有力首長の棺として用いられた。長持形石棺は、限られた王権の構成員のみに許され、東日本で真正な長持形石棺は群馬県太田《おおた》天神山《てんじんやま》古墳と同県伊勢崎市お富士山《ふじやま》古墳の二例にすぎない。いずれも中期前半のもので、加工の見事さから中央からの派遣工人の作と考えられている（白石他一九八四）。

図47　八幡塚古墳の舟形石棺（高崎市教育委員会・かみつけの里博物館写真提供）

　上毛野では、この二古墳の影響を受け、後続する中期後半に石棺文化が花開いた。ただし長持形石棺ではなく、次ランクに位置づく刳抜式石棺（舟形石棺）が用いられた。後続する豪族たちには、長持形石棺の使用が承認されなかったのである。

　石棺は、木棺よりも加工に手間がかかる。石切り場から岩塊を切り出し、粗加工した後、重い石棺を古墳現地まで運搬することが必要である。舟形石棺を当時採用したのは、倭のなかでも北部九州・瀬戸内沿岸・畿内・北陸西部（越前)・上毛野などに限られており、有力地域の文物であった。上毛野では二〇例が知られるが、西毛地域に分布が偏っており、前方後円墳・帆立貝形古墳・大型の円墳に採用され、多くは高崎市岩野谷《いわのや》丘陵(通称観音山)に産する凝灰岩《ぎょうかいがん》を用いている。切り出し地とみられる高崎市山名町から、到着地の八幡塚古墳までおよそ一二キロ。広い道を作り、川の道を辿り、大勢のムラビトたちによって賑々しく曳行《えいこう》されたのであろう。

八幡塚古墳の石棺は、短辺に一個、側面に二個の縄掛《なわかけ》突起が削り出された「1—2型式」で、この突起の数が多いほど上位の石棺である(石橋二〇一三)。むろん八幡塚古墳の棺は上位に属するものである。

葺石は語る

八幡塚古墳の墳丘は、周囲の堀を掘削した土を盛り上げて三段に仕上げられ、斜面には拳《こぶし》大から人頭大の石がびっしりと葺かれている。葺石《ふきいし》の数は、復元整備に要した量が一〇トンダンプ五〇台分に相当しており、当時は膨大な労力を投じ、人海戦術で集められた。今回の史跡整備工事にあたっては、利根川の改修で公的に放出されたものを調達した。しかし、実際に八幡塚古墳に使われた葺石を分析すると榛名山系の石で占められ、利根川系の礫は含まれていないという。葺石が首長の政治領域内から共同体の人々によって集められたのならば、保渡田古墳群の首長の河川資源の調達権限は、

図48　八幡塚古墳の葺石
縦石列を境にして積み方が異なる.（高崎市教育委員会・かみつけの里博物館写真提供）

利根川や碓氷川《うすいがわ》などの隣接大河川沿岸にまで及んでいなかったことになる。そこは、隣の首長の支配域だったのである。

葺石の用材は、人頭大から子供の拳くらいのまでばらつきがある。施工状況をみると、縦に目が通った石列が一定の幅で並び、その間には石がランダムに詰め込まれている（図48）。石列の幅は肩幅くらいであり、作業者一人に割り当てた施工単位であろう。他の古墳にもよくみられる手法である。並んで作業する人の間にまず境の石を積んで区割りし、石列間を埋めていったのである。

間を埋める石もまた多様である。たとえば、Aのブロックでは大きな石を充塡していくが、Bブロックでは小さな石だけを詰め込んでいる。Cブロックでは中くらいの石を丁寧に揃えているなどだ。これは、性別や年齢構成が多様な労働編成を示唆しているし、作業者のおおらかな性格や几帳面な性格すらも読み取れるかのようである。逆にいえば、職人のような丁寧な仕上げが強要されているのではなく、かなり弾力的な労働編成・工事管理の状態であったことを物語る。

こうしたアバウトさは、次に述べる円筒埴輪などの仕上がりも同じである。高さはほぼ揃えているが、胴部に貼り付ける突帯《とったい》はロクロに載せたようにきちんと作ることはなく、胴部の透孔《すかしこう》も一筆書きのように無造作に切り取っている。なかでも石棺は、最も肝心な造形物と思えるが、遺体が入る内部と目に付く場所は平滑に仕上げるものの、それ以外は荒削り痕跡をよく残しており、古墳時代の工人気質をうかがい知ることができる。

埴輪ワールド

墳丘の平場（テラス）には、保存状態のよい円筒埴輪が密着して垣根のように並んでいた。古墳をまもり結界するバリケードのような存在である。八幡塚古墳のそれは高さ五〇㌢ほどのものだが、十数本に一本の割合で、口が大きく広がった朝顔形埴輪がアクセントとして入れ込まれている。円筒埴輪は墳頂部とテラス、墳丘周囲の堀を画す内堤・外堤にも並んでいて、その数六〇〇〇本と推計された。このように築造時の古墳は、ともかく賑々しく飾られていたのである。

加えて内堤の一角には、人物や動物形の埴輪群像が五四体並べられていた。これについては後に詳述したい。

さらに外界と接した外堤上には、厳めしい顔の盾持人《たてもちびと》埴輪が点々と並び、邪悪なものから古墳を守護していた。前方部側の外堤にのみ並べられており、こちらが本古墳の正面観であったことを教えている。出土した七体の盾持人埴輪にはひとつとして同じ意匠がなく、盾の模様もそれぞれ異なっている。これはあえてそうしているのであり、あらゆる邪悪なものに対応するためであろう。異様な帽子をかぶり、奇妙な形に髪を結い、のこぎり模様の盾を構え、おそろしげな顔つきで外界と対峙する。見開いた目、西域の胡人のように高い鼻、への字にゆがんだ口、月明かりで見たらさぞや不気味であろう。まさに古墳の守り人である。

円筒埴輪の生産地

八幡塚古墳の円筒埴輪は三サイズがあるが、主体は高さ五〇㌢内外の三条四段構成の埴輪である。これをさらに分類するとA～Dの4類が認められるが、A類とC類が大多数であった。A類は口が大きく開いて立ち上がり、

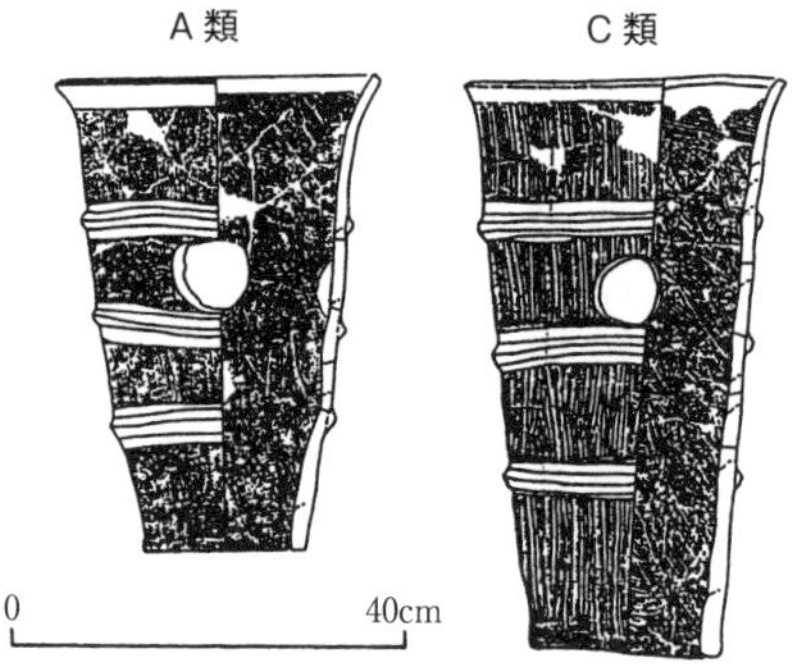

図49　八幡塚古墳円筒埴輪の類別（群馬町教育委員会2000『保渡田八幡塚古墳』より）

C類は直線的に立ち上がる形状である（図49）。

両類は、細部の形、色合い、重量、立てる場所も明確に分かれており、異なる工人グループが製作し、別途に持ち込んだことが明らかだ。鉱物分析を行うと、A類には海綿骨針《かいめんこつしん》（海綿生物の骨格を形成する微小な化石）と結晶片岩が含まれ、C類にはそれがなかった。前章の須恵器でも紹介したように、A類の粘土組成は鏑川《かぶらがわ》流域の地質に由来し、藤岡市地域で製作されたと考えられる。

藤岡地域は粘土資源が豊富で、埴輪窯や須恵器窯が営まれたが、もっとも古いのが五世紀後半に開始する本郷《ほんごう》埴輪《はにわ》窯跡《ようせき》と猿田《さるた》埴輪窯跡である。両窯は長期に稼働したが、その創業期の製品は保渡田古墳群に主として供給されているという。保渡田古墳群の築造を契機に多量の埴輪需要が生まれたため、拠点的な埴輪生産地が藤岡に定められたのであろう（山田二〇〇九）。

A類埴輪は、八幡塚古墳の円筒埴輪六〇〇〇本の半数以上を占めるとみられるので、少なくとも三〇〇〇本が藤岡市域で焼かれ、運ばれてきたことになる。直線距離は一五キロ。重量が一本八キロとして総計二四トンである。河川交通（舟運）を用いて人海戦術で搬送したのであろう。加えて、それに近い量のC類埴輪がいずこかで焼かれ、搬入されてきた。焼物は乾燥と焼成によって重量が低減するので、粘土の段階ではさらに重量が嵩んだはずだ。また焼成の過程で失敗品も発生するので、本古墳の埴輪に要した粘土総量は、五〇～六〇トンにもおよんだであろう。

　このように埴輪製作には、粘土採掘、生地作り、成形・整形、窯の構築と営繕、薪の大量調達、焼成、梱包、運搬、設置という複数のプロセスが必要で、さらに生産システム維持などの労力が伴った。したがって、たとえ同じ規模の古墳であっても、埴輪の有無によって総労働量はかなり異なる。これに葺石の有無なども合わせて、古墳を成立させた経済力を推計する必要があろう。

古墳の設計

　古墳の設計に関わる事項も判明してきた。通常の古墳は、表土に埋没した現況を計測するので規模は概数となるが、八幡塚古墳では発掘した遺構を計測することで正確な数値が把握できた。葺石の根石、堀の肩など当時の地表と接するポイントを拾っていくと、墳丘中段の後円部がほぼ半径二四メートルになることが判明した。古墳築造時における現地への線引きは、後円部中点からコンパスで描くように行ったと考えられるので、半径二四メートルを一単位と捉えることが必要だ。とすると、八幡塚古墳の墳長九六メートルは、ちょうど四単位となる。

内堀・外堀の設計も、二四メートルを一単位とすれば、後円部の中点から二単位、三単位という半径で円を描いたラインに適合する。もとより、こうした巨大構造物に設計図がないほうがおかしいのであり、発掘調査によって設計ポイントを明確化することで、古墳の規格性がよりいっそう明らかにできる。

二四メートルの基本単位と、整数比の組み合わせで本古墳の設計は説明できるが、それは一尺を二四センチとした場合の一〇〇尺にあたる。弥生時代から古墳時代に並行する歴代中国王朝（後漢《ごかん》・魏《ぎ》・晋《しん》）の制度尺は二三～二四センチ代で推移し、隋《ずい》・唐《とう》でおよそ三〇センチに移行するが（小泉一九七七）、二四センチは前者の寸法に適合しており、古墳設計にも中国の制度尺を用いた可能性が想定できる。なお、日朝の古墳や寺院の寸法の統計から二六・八センチの古韓尺《こかんしゃく》（六尺で約一・六メートル）の使用を主張する説もある（新井二〇〇四）。

ビジュアルにこだわった前方後円墳

以上のような発掘調査で判明した事象を検討し、八幡塚古墳の復元整備がなされたのであるが、その完成した姿は、前方後円墳の実像をまざまざとみせつけてくれることとなった（図45）。青く突き抜ける空。その下に濃紺の榛名山のシルエット。それを背景に古墳外表の葺石が陽をあびて白く照り輝く。石の間を真っ赤な円筒埴輪の列が幾重にも貫き、白と赤のコントラストが目に飛び込んでくる。そして手前には、仕草もさまざまな人物埴輪たちが、首長の生前のまつりごとを表現して居並んでいる。このような威容を誇る構造物こそが、古墳の実像なのである。

山麓扇状地の末端に築造されたこの古墳は、ムラ人たちが立ち働く大水田地帯から望見することが可能であった。人々は、首長が眠る奥津城を常に確認することができ、心理的な安寧を得ることができただろう。そのくらい古墳は荘厳な雰囲気にあふれている。違う言い方をすれば、そうした集団結合の効果をねらった位置に古墳は計画された。その選地は吟味を重ねて決定されたであろう。

なお保渡田古墳群の場合、三基の古墳の築造地は南から北へ位置を移していく。初代の二子山古墳（一〇八メートル）はもっとも手前に置かれ、農耕地からはその雄大な側面をみせるよう仕組まれている。次の八幡塚古墳は右やや奥に前方部を正面にすえて占地し、最後の薬師塚古墳（一〇五メートル）は二子山古墳の後方に見え隠れする状況だ。この地に移動してきた開発主の墓を手前に置き、その相互の視覚的位置も計算していたのである。

このような立地のあり方は、上毛野だけをとっても前橋市大室《おおむろ》古墳群や高崎市八幡古墳群などで確認できる。前者は赤城山の南斜面に位置し、三基の前方後円墳が南から北に立地を移動しながら築造される。後者も三基の前方後円墳が、後の東山道からみて徐々に北へと立地を移していく。いずれも始祖墓をビューポイントからみてもっとも手前に置くことで共通している。

前方後円墳の方位と設計規格

ところで、保渡田古墳群の三つの前方後円墳は、主軸によって二グループに分かれる。二子山古墳と薬師塚古墳が前方部を西に向け、間に作られた八幡塚古墳は前方部を南に向けて築造された（図46）。こうしたあり方は、大阪平野の百舌鳥《もず》古墳群でもみることができる。百舌鳥古墳群では、前方部を南西に向けるグループと、これにほぼ直交して西にむけるグループがあり、群中第一位の大仙古墳と二位の上石津ミサンザイ（履中《りちゅう》陵）古墳が前者、三位の土師《はぜ》ニサンザイ古墳と四位の御廟山《ごびょうやま》古墳が後者に属する。

ではなぜ古墳の主軸方位が異なるのだろうか。ビジュアルにこだわった古墳の方位が安易に定められたはずがなく、方位の差は一定の意味をもち、被葬者の出自や社会的立場を反映しているとみるべきであろう。

保渡田古墳群のすぐ西を流れる榛名山麓の基幹河川、井野川を一二キロ下ってゆくと、その右岸に高崎市岩鼻《いわはな》古墳群がある（図54）。ここには、保渡田古墳群より古い五世紀前半の前方後円墳が一基、五世紀中頃の前方後円墳が二基、保渡田より新しい六世紀後半の前方後円墳が一基存在する。五世紀中頃のグループには、岩鼻二子山古墳（墳長約一一五メートル、すでに削平）と不動山《ふどうやま》古墳（九四メートル）が属し、出土品からみると築造時期が近接している。この二基の向きが保渡田古墳群と同じ南向きと西向きの関係なのである。

両古墳はわずかな規模の差があり、前述の一単位分（二四メートル）の差と考えられる。そして、ともに近似した平面規格を採用している。二古墳の被葬者については、①親縁関係にある前後二代の首長、②地域内における用務を分担する二人の首長、③異なる領域支配を行う二人の首長墓がひとつの墓域に集められた、などの解釈が成り立ちうるが、その理解は一筋縄ではいかない。

上毛野に築造された東日本最大の前方後円墳は太田天神山《おおたてんじんやま》古墳（五世紀前半、二一〇メートル）であるが、この築造に際してヤマトの「古市古墳群の規格」が導入された（図50）。つづく五世紀中頃の岩鼻古墳群では、太田天神山の設計を約二分の一にスケールダウンしたプランが採用され、五世紀後半の保渡田古墳群にも、これと同じプランが用いられている。このことから、太田天神山古墳の築造に際して導入されたヤマトの設計が、以後上毛野の正統を担う首長の墳墓規格になったことが判明する。太田天神山の被葬者は、オール上毛野の結集の下に共立された人物であり、墳形の継承とともに「英雄」として語り継がれていただろう。

ヤマトでは六世紀になると古市型の規格は時代遅れになったが、上毛野では六世紀後半までこれが用いられた。岩鼻古墳群の最後を飾る綿貫観音山《わたぬきかんのんやま》古墳（九七メートル）がその代表例である。岩鼻二子山古墳・不動山古墳以後は、岩鼻古墳群に前方後円墳が空白となることから、梅沢重昭や筆者は、井野川流域の首長が地域拠点の移動にともなって墓域を一度保渡田古墳群に移し、六世紀になって再び回帰して綿貫観音山古墳を築造したと考えている（若狭二〇〇七、梅沢一九九九）。その墳丘規格は井野川流域の首長のアイデンティティとして長く保持されたのである。

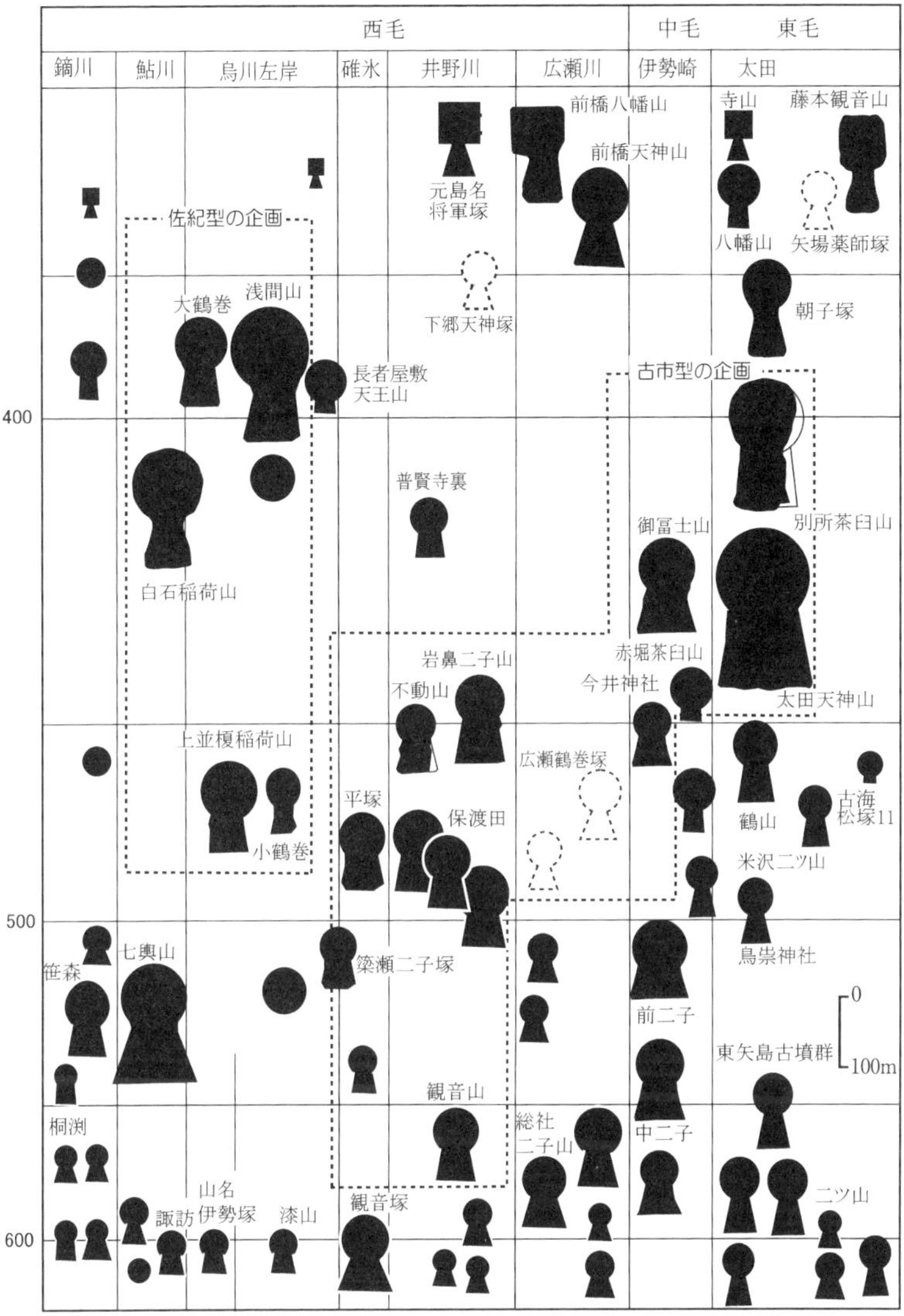

図50　上毛野における主要前方後円墳・前方後方墳の編年

ヤマトの古墳規格の導入

ところで、墳丘規格は必ずしも地域内で同一歩調をとるものではない。保渡田古墳群とおなじ五世紀後半に、隣接する烏川東岸に築造された高崎市上並榎《かみなみえ》稲荷山《いなりやま》古墳（約一二〇メートル）と小鶴巻《こつるまき》古墳（同、八八メートル）は、より古い規格を用いて築造されている（図50）。その規格とは、四世紀後半に烏川東岸に築造された高崎市浅間山《せんげんやま》古墳（一七二メートル）や、その約四分の三のサイズで造られた大鶴巻《おおつるまき》古墳（一二三メートル）のプランを引き継いだもので、前方部の幅が未発達な形状である。

浅間山古墳は、やがて太田天神山に凌駕されるが、築造段階では東日本最大の前方後円墳であった。上並榎稲荷山古墳の主らは、浅間山古墳に葬られた偉大な祖先王の墓の形式を踏襲したのであろう。浅間山古墳の設計図を二分の一にすると小鶴巻古墳のプランになり、大鶴巻古墳と上並榎稲荷山古墳のプランは一分の一の関係にあるが、そもそものこの規格は、古市古墳群より一段階前に大王墓が営まれた佐紀《さき》古墳群（奈良県奈良市）のものを導入したのである。

つまり上毛野の大首長は、それぞれの時期の大王墓の規格を用いることが許されたのであり、浅間山古墳は、佐紀陵山《みささぎやま》古墳（二〇九メートル）の規格を五分の四に縮小して承認されたものとみられる。また、太田天神山古墳は、古市古墳群の津堂城山《つどうしろやま》古墳（二〇八メートル）や墓山《はかやま》古墳（二二五㍍）の規格を一分の一で、また誉田御廟山《こんだごびようやま》古墳（応神陵古墳、四二〇㍍）の規格を二分の一で用いている。浅間山古墳、太田天神山古墳それぞれが、その築造時点で東日本最大の前方後円墳だったのであり、時の最高権力者である大王と親密な関係にあったことが明らかである（若狭二〇一一a）。

墳丘規格はこのように、王権との関わりを示す重要なアイテムであった。このため先に王権と結んだ浅間山古墳系の首長は、五世紀後半になっても百年遅れの設計を墨守し、伝統の家の誇りをもって存在したのであろう。

いっぽう、井野川流域の首長は、太田天神山古墳以後の上毛野の盟主としての正統性を表示するとともに、河内《かわち》地域の勢力と結んだことを誇示していたと考えられる。そして、この二つの異なる墳丘規格が井野川と烏川東岸という異なった水系に並び立つことから、首長の政治エリアが農業水系に依拠していたことが改めて検証できるのである。

復元整備の必要性

以上のように、大型前方後円墳の調査を起点として、古墳をめぐる技術や労働体系、地域秩序、王権との関わりなどの歴史的視点を示すことができた。また古墳のビジュアルそのものが、人々を精神的に結合させる「見せつけの装置」だったことが察せられるようになった。そうした情報を結集し、八幡塚古墳の復元整備がなされたのである。

ところが、こうした整備手法を「やりすぎ」と批判する向きもある。たしかにすべての古墳をこのように造り込む必要はまったくないだろう。千数百年を経て、風景に溶け込んだ古墳の姿は、郷土のうるわしい景観として保全すべきものが多い。たとえば日向《ひゅうが》（宮崎県）の田園・茶畑のなかに前方後円墳が点在する新田原《にゅうたばる》古墳群や持田《もちだ》古墳群などは、そうした景観の白眉といえるものである。

一方、八幡塚古墳は、破壊が顕著だったために周到な発掘調査を行い、考察を重ねたうえで積極的な復元方法が採られた。それは多分に実験的な試みであった。しかし、それによって古墳の実像とその存在意義を、難しい説明なしに子供から大人まで理解してもらえる絶大な教育効果を発揮している。この古墳の整備は原寸大の展示物と評価されるものであろう。その驚きと感動は、文化財を地域資産として再認識させ、新たに発見された北谷遺跡などの速やかな保存に成就しているのである。

人物埴輪は語る

埴輪は古墳の装飾品であり、地上に露出していた造形物である。このため、やがては破損、転落し、散らばるのが普通である。しかし、八幡塚古墳においては円筒埴輪列がよく残っていたのは、古墳の完成後しばらくしてFAやFA泥流に覆われたからである。なかでも内堤上の人物埴輪群がその位置をとどめたまま出土したのは、とくに重要なできごとであった。

八幡塚古墳の人物埴輪

一九二九年、在野研究者の岩沢正作・福島武雄・相川龍雄は群馬県の嘱託をうけて八幡塚古墳を発掘し、当時としては最先端の調査を実施した（福島他一九三二）。なかでも福島は、元鉱山技術者の技を活かして正確な測量図を作成し、画期的な埴輪の出土原位置の記録を行っていた。これはのちに、水野正好の「埴輪芸能論」の根拠として用いられている（水野一九七一）。水野論文は、人物埴輪の意味を解釈したもので、首長位の継承にあたって、その配下の集団が各々の職掌に根ざした芸能を献じている場面だと説明した。これは有力仮説（首長権継承儀礼説）として学界に長く定着したが、筆者は整備に伴う再調査や、分散していた一九二九年出土埴輪の追跡調査を行い、そのうえで新しい解釈を提示した（若狭二〇〇〇）。それを次に紹介しよう。

群像の構成

埴輪群像は、円筒埴輪で囲んだ内堤上の区画内にあり、五四体の人物・動物・器物の埴輪を配列している（図46・51）。各埴輪の向きは整然と隊列を組むのではなく、対面し、背中合わせになり、列状に並ぶことから、複数のグループの集合体であると推定された。そこでグループごとの埴輪の姿態や関係性を検討すると、各々が意味ある場面を成しており、時間・空間を異にする七つの場面（Ⅰ〜Ⅶ群）が結合されていると結論した。また、複数のグループに首長の持ち物である倭風大刀をおびた人物が存在することから、いずれも首長が中心となったシーンであると推定された。以下では各シーンの内容を説明しよう。

Ⅰ群は、椅子に座って対面する人物群である。これについては首長による水のまつりを

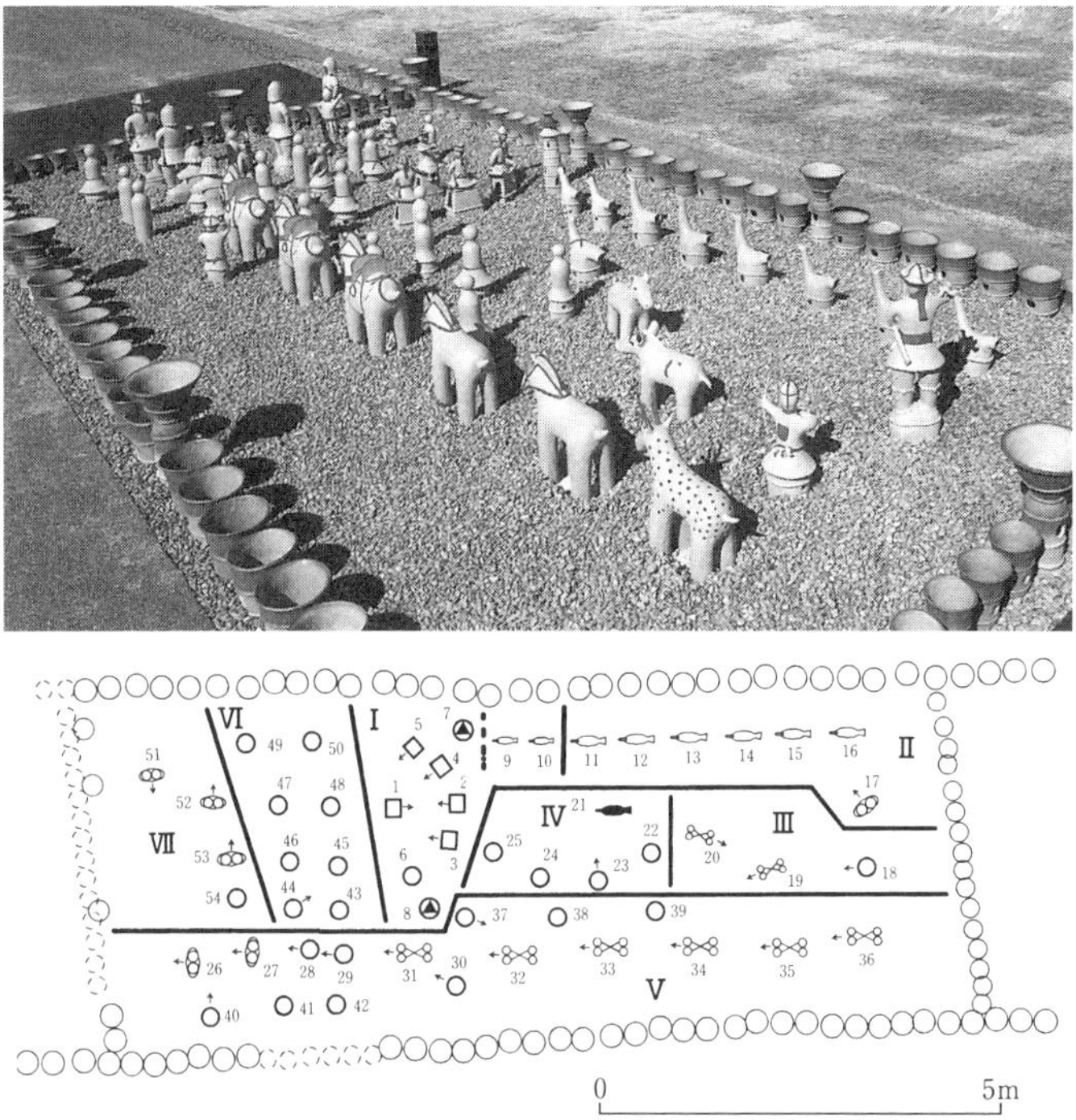

図51　八幡塚古墳の人物埴輪群像（かみつけの里博物館写真提供）

Ⅰ群：椅子に座る人物群・水のまつり（1巫女，2首長，3・4首長級，5琴弾，7・8壺，9・10鶏），Ⅱ群：鷹狩か（17貴人，11〜16水鳥），Ⅲ群：猪狩り（18狩人，19・20犬・猪），Ⅳ群：鵜飼（21鵜，他人物），Ⅴ群：首長像と財物（26貴人，27武人，28・29甲冑，30馬曳，31〜33飾馬，34・35裸馬，36鹿，他），Ⅵ群：立ち姿の人物群（44倭風大刀をもつ首長，45巫女，他），Ⅶ群：武威の場面（51・53武人，52力士）

表現した可能性が高いことを前章で紹介したところである。二つの壺の埴輪があり、そこから汲み分けられた水が巫女の坏に注がれ、首長に供されるストーリーが表現されている。脇には首長級男子と琴弾《ことひき》男子が配置され、この場が神まつりの場であることを教えている(図34)。これは、居館において首長の生前に行われたもっとも重要な祭儀の場面であるため、群像中央に配されているのである。

Ⅵ群は、立位の男子と女子が対面し、各種人物が集まるシーンである。男は倭風大刀を帯びた首長、女子は袈裟状の衣を着た巫女で、立ち姿の祭儀の場面としてよかろう。

Ⅶ群は群像の左方にあり、力士と武人が置かれた区画である。相撲によって大地を揺り動かし、禍《わざわ》いを退ける反閇《へんばい》の儀礼や軍事的な儀礼を行っているシーンであろうか。

狩の場面

一方、群像の右方(Ⅱ～Ⅳ群)には狩りと漁の場面が表現されている。群像中央から左方が水の儀礼を中核とした居館内の儀礼と見られるのに対し、右方は居館の外で行われるアウトドアの催しである。

Ⅲ群は猪狩りの場面である。腰に小さな猪形をつけた狩人が、犬を使って猪を追い詰め、矢を放って仕留めたシーンである。この様式は、近隣の保渡田Ⅶ遺跡1号墳などでも確認でき(図52)、猪狩りが首長の儀礼として重視され、埴輪にしばしば造形されたことを教

図52　猪狩りを表す埴輪（保渡田Ⅶ遺跡1号墳，高崎市教育委員会・かみつけの里博物館所蔵）

えている。狩人の所持した猪形は、北方ユーラシアの熊狩り習俗にみられるような、獲物の霊《たま》送《おく》りにかかわる呪物であろう。

なお、『紀』雄略紀には、葛《かずら》城《き》山《やま》での狩で大王が荒ぶる猪を踏み殺す記述があり、また神功紀には、神功皇后の政敵である麛坂王《かごさかのみこ》と忍熊《おしくまの》王《みこ》が、吉凶を占う狩（祈《うけい》狩《がり》）を行い、麛坂王がその場で猪に食い殺された伝承がのせられている。猪を倒す行為が勇敢な王の振る舞いとして、また吉凶を判じる神占いとして重視された証である。

Ⅳ群は鵜《う》飼《かい》場面である（図53）。鈴付きの首輪をして魚をくわえた鵜を中心に人々が集まっている。鵜を操る人は、手に羽を広げた鵜を乗せ、漁場に臨んでいる。中国鵜飼では今も一羽

図53　鵜飼を表す埴輪（八幡塚古墳，高崎市教育委員会・かみつけの里博物館所蔵）

使いの鵜匠が手に鵜を乗せるといい（可児一九六六）、この埴輪は舟を用いない徒歩《かち》使いの鵜飼を表現したようである。『紀』雄略紀には、伊勢の豪族が罪を犯した息子を鵜飼に誘い出して川辺で謀殺する記事があり、相手の油断を誘うほどに豪族層が好む遊びであったことを示す。

鵜の埴輪の首に鈴付きの紐の表現があるのは、鳴り物入りで人に見せることを意識していたのであろう。また、大阪府高槻市今城塚《いましろづか》古墳出土の継体大王の宮を表したとみられる巨大な家形埴輪にも鵜飼の線刻画が描かれている。どうやら鵜飼は遊びばかりでなく、呪的な性格も有したようであり、儀礼としても重視されたと推定される。猪狩りとともに埴輪に造形された理由が理解できよう。

Ⅱ群は水鳥の列とそれに向かう貴人が表現される。貴人は上半身を欠いているが、群像右方にあり、狩り（漁）を表したⅢ・Ⅳ群に接することから、水鳥を狩る鷹狩りの場面と推測している。貴人は鷹を使う首長を表したものであろう。

このように考えてよければ群像右方のⅡ～Ⅳ群は、水中のものを獲る鵜飼、空のものを捕る鷹狩り、地上のものを狩る猪狩りの三場面から成っていることになる。ここに地・水・空という三世界をわが物とする首長の威勢と呪力が表されていたのではなかろうか。

列をなす財物

埴輪群像の最前列のⅤ群は、先頭に盛装の貴人を置き、つづいて小札甲《こざねよろい》を着た武人→短甲と冑を表した甲冑形埴輪二体→飾り馬三体と馬を曳く人→裸馬《はだかうま》二体→鹿一体の順で、左向き一列に並んでいる。飾り馬は華美な馬具を装備した馬、裸馬は実用的な轡《くつわ》のみを着け、鞍などを載せない馬である。本群は、パレードのような隊列にもみえるが、甲冑形という器物や鹿まで加えており、ストーリー性を読み取りにくい。

しかし、この配列様式は本古墳より新しい後期古墳にも踏襲されているので、一定の意味を見出す必要がある。筆者は、首長が舶来の装身具で満身を飾っている姿、最新の甲冑で武装した姿、多数の武具を所持している様、生産が開始されたばかりの駿馬を華麗な馬具で飾り保有する姿など、首長の交易力や経済力を誇示した場面と考えている。

以上のように、人物埴輪群像には神まつり、儀礼、経済行為など首長の権能にかかわる場面が複数盛り込まれていると筆者は理解する。つきつめれば、人物埴輪群像とは、亡き首長の生前の治世を共同体の成員にアピールするための造形であった。神の意思を聞いて政《まつりごと》を執行し、地域の安全保障を行った強い政治力、朝鮮半島や倭王権との交渉によって財物や馬などの富を地域にもたらした経済力、これらをビジュアル化して葬送儀礼に参じた人々に見せつけ、共同体の意識結集を図る仕掛けだったと考えられる。

埴輪の推移と画期

ところで埴輪は、弥生時代後期に吉備地方で成立した特殊器台・特殊壺という祭祀用の器物をルーツとしている。前方後円墳の成立期の儀礼に特殊器台・特殊壺が取り入れられ、その量産形として円筒埴輪が誕生、つづいて古墳前期中頃に家形埴輪や盾形などの器財埴輪が創案された。中期前半には甲冑形や舟形・水鳥形などが、中期中頃までには人物や馬・犬・猪などが出現し、後期末（七世紀初頭）に前方後円墳終焉と連動して消滅するまで三五〇年間も継続したのである。なかでも人物埴輪は、最後に登場した様式となっている。

墳丘規格で紹介したように、古墳の設計の最新モデルは常に倭王権の中枢で創案されていたが、人物埴輪もその例に漏れない。天皇陵治定によって発掘調査が制限されている大阪府の古市・百舌鳥古墳群において五世紀前半に出現したと考えるのが妥当である。事実、五世紀中頃の大仙《だいせん》古墳（仁徳陵古墳）から最古級の人物や馬形埴輪が見つかって、宮内庁に所蔵されており、これより少し古い誉田御廟山古墳（応神陵古墳）にも人物埴輪の存在が推定されるなど、この地で出現した証拠が存在している。

また、埴輪の種類だけでなく、それぞれの画期に埴輪の新しい配列様式が出現している。まず奈良盆地東南部のオオヤマト古墳群において、三世紀後半に円筒埴輪が誕生し、墳頂の棺の周囲を囲む形から、墳丘を取り囲む配置様式に発展していく。つづいて盆地北部の佐紀古墳群段階において、四世紀中頃までに家形・器財埴輪が創案され、墳頂部に配列場所が設けられた。四世紀末の古市・百舌鳥古墳群前半段階には、墳丘裾や濠内に、造り出しや中島という特設施設が登場し、そこに水鳥や家・導水施設などを並べる配列様式が加わった。つづいて、同古墳群中頃の五世紀前半に人物埴輪群像が創出され、濠内の堤上に配列場所が設定された。そして、刷新されていく前方後円墳の設計規格とともに、それぞれの埴輪様式も王権と関わりが深い地方有力首長に受け入れられたのである。

上毛野では、佐紀古墳群の設計を導入した浅間山古墳において家や盾形埴輪が、古市古墳群前半の規格を受容した太田天神山古墳において水鳥形埴輪が、古市古墳群後半に相当する保渡田古墳群において人物埴輪群像が受容されており、埴輪様式はヤマトと連動して展開した。

ただし、埴輪は必ずしも全国の古墳に立てられたわけではない。大型前方後円墳であっても埴輪がみられないものも多い。また、ある地域ではじめて王権と関係を結んだ画期的な古墳に埴輪が立てられても、後続する古墳ではそれが定着しない例も多い。つまり、埴輪を立てる思想や作法をヤマトと共有し、それを継続するだけの経済力や技術システムが整っていない地域には定着しなかったのである。

上毛野地域は、東国を代表する埴輪の定着地であり、前期から後期まで一貫して埴輪が存在し、その様式を堅持していく。さらに、中期後半以降は首長のみでなく下部構成員の小型円墳までもが埴輪を広く樹立したため、大量の需要に応える生産システムが整備されていった。

古墳近くに窯を設営して臨時的な生産をしていた段階から、五世紀後半になると粘土や山林資源が豊富な丘陵部に拠点的な窯業地帯を形成し、埴輪を送り出す体制が構築されたことは前述した。生産量が増大し、半専業工人が生まれることによって名工も登場した。今日、重要文化財に指定されるような優品は、そうしたシステムのなかで生み出されたのである。

埴輪の思想

しかし、埴輪の採用が前方後円墳から小円墳まで貫徹したのは、単に被葬者の嗜好ではなく、後述するように、埴輪の種別・数量・規格の組み合わせによって、地域内秩序を保持する体制が存在したからだと筆者は考える。埴輪は墳墓を飾る葬送の具であるとともに、政治的な役割も強く担っていたのである。

前方後円墳にみる共立と小地域経営

古墳の形にみる階層秩序

古墳時代社会の階層構造は、古墳の墳形と規模の関係から説明されることが多い。都出比呂志による前方後円墳体制論（都出一九九一）がその代表であり、前方後円墳を頂点にして、その下位に前方後方墳（ただし多くの地域で前期のうちに終焉する）、円墳、方墳の順で序列化され、さらにそれぞれの墳形においても規模の大小で秩序づけられるというものである。なお、中期以降は、前方後円墳と円墳の間に位置づく、円墳に短い前方部を付した帆立貝形古墳も登場し、倭の首長たちは一部の例外はあるにしろ、こうした比較的明快な階層秩序によって倭王権と結びついていたのである。

これまでの検討を踏まえると、首長たちの地域経営のツールは基本的には農業であった。漁業を営み、交通を掌握し、運輸をつかさどり、手工業を専らとするなどの集団もあっただろうが、多くは水稲農業をベースとしてその用水権の範囲を主たる支配領域としていたことであろう。

その生産力によって古墳築造への動員力が変動し、古墳の規模も上下する一方、墳形の選択に関しては王権との関わり、または集団の出自が反映されていたと考えられる。すなわち、古墳時代成立の指標である前方後円墳は、邪馬台国を軸とした初期豪族連合の主要メンバーたち、前方後方墳は遅れて二次的に連合に加わった首長たちが共有した墓の形とみるのが一般的理解である（白石二〇〇七）。前方後方墳はヤマト地域や九州・山陽・山陰にもみられるが、東海地方以東に多いことから、邪馬台国に敵対した狗奴《くな》国の後裔を含むとする見方も強い。

円墳はもっともスタンダードな墳形である。前方後円墳が成立しない地域では上位の墓となり、前方後円墳が存在する地域では第二位階層の墓となる。方墳は各地で下位層を占めているが、前期には山陰に大形のものがあり、中期には渡来系の一部の人々がこの形を採用する。なお、前方後円墳終焉以後の飛鳥時代（七世紀）の方墳は、最上位の墳形に躍り出る時期があるが、東アジア（高句麗・隋・唐）の王陵にならったものであり、古墳時代における方墳の性格や階層の枠組みとは異なっていた。

共立される大首長

このような秩序を念頭において各地域に回帰すると、地域経営の最小単位となる小首長は、円墳や帆立貝形古墳の被葬者であり、それらを複数統括するのが前方後方墳や前方後円墳の被葬者ということになる。考古学者は、前方後円墳・前方後方墳の墳丘長が一〇〇メートル前後以上を「大型」と称し、小首長間の利害を調停し、より広域的な統合を成し遂げた大首長の墓と考える。その小首長間のつながりは、前述のように農業の用水系を軸とし、物流ネットワークなどの関係を加えて構築されていただろう。

こうした大首長は、小首長たちを隷属させるというよりも、彼らによって共立されたものと考えられている（土生田二〇〇八）。上毛野においては、前期前半の前方後方墳・前方後円墳は墳長一三〇メートルが上限であり、それが農業水系に立脚した大首長の共立の範囲と動員力の限界であった（図50）。しかし、前期後半には一七二メートルの浅間山古墳（高崎市）と一六五メートルの別所茶臼山古墳（太田市）が利根川を挟んだ上毛野の東西に相次いで成立しており（右島一九九〇）、農業用水圏を越えたさらに広域の連合から代表者を共立するような社会的合意が形成されたと考えられる。

そして中期前半には、東日本最大の太田天神山古墳（二一〇メートル）の成立に至っており、ここではオール上毛野といえる大首長間の共立体制が実現している。こうした経済圏・農業圏を超える大共立を生み出した背景には、イデオロギー的側面を考えるべきであろう。S字甕を携え、東海地方から三世紀にこの地に移入した集団の末裔たちが連合したものと考えるのが妥当であり、広大な湿地を開発した始祖伝承で結ばれた同族意識がその根底に存在した可能性を考えたい。

共立の歴史的背景

こうした大共立の歴史的な要因は、西暦四〇〇年前後の倭国をめぐる国際情勢によって説明することができる。当時の朝鮮半島情勢は、高句麗が南下政策をとって百済を圧迫しており、百済は後方にある倭国と誼《よしみ》を結ぶ道を選んだことは「地域開発と渡来人」の章に述べたとおりである。百済からは奈良県の石上《いそのかみ》神宮に現存する七支刀《しちしとう》が贈られるとともに、さまざまな人材や技術がもたらされ、倭からは軍事力が提供された。高句麗広開土王の事績を刻んだ広開土王碑（四一四年建碑）には、王が倭軍とたびたび軍事衝突した記事が刻まれている。

こうした半島での軍事作戦は、『紀』の神功紀や応神紀・仁徳紀にも伝承され、奈良盆地南西部の葛城氏や和歌山県地域の紀氏、群馬県地域の上毛野氏らの祖先が出兵したことが記されている。当時の外征・外交は、倭王権中枢だけではこれを担えず、各地の有力首長に用務を分担させたのであり、この時期に各地の前方後円墳が巨大化することと整合する（岸本二〇一〇）。

ヤマトにおいては、奈良盆地東南部のオオヤマト古墳群から盆地北部の佐紀古墳群、つづいて大阪平野の古市・百舌鳥古墳群へと王陵が移動することから、王権内で朝鮮半島対応をめぐる主導権の争いや経営志向の転換があったことが説かれている。これに連動して、地方豪族も同様に列島・東アジアの政治動向を見据えたシフトをとったと考えられる。

上毛野では、五世紀前半から渡来文物が出土し始め、考古学的にも対外交流の開始が推定される。上毛野から海の向こうまで兵力を出すにあたっては、動員力・編制力を高めるために軍事指揮者を選任して、そのもとに結集することが求められただろう。これが大共立のもっとも妥当性のある理由と推定される。また、地域集団側も大首長のもとで外部からの富や権益を呼び込み実利を得るために競って合同したと考えられる。

築造時に東日本最大規模であった浅間山古墳（四世紀後半）は、烏川の東岸の倉賀野《くらがの》地区に築造された。ここは、江戸時代に利根川水運の上流最大の港であった倉賀野河岸《かし》が置かれていた地であるが、三世紀の東海集団も、東京湾から荒川・利根川筋を経て上毛野に至ったことが東海系外来土器の分布から明らかである。『万葉集』に「埼玉《さきたま》の津」（埼玉県行田市辺り）が詠われているように、倉賀野にも古代の津が存在した可能性は濃厚だろう。東海、さらには背後の畿内からの交通は、太平洋経由で上毛野に接続していたのである。そうしたルートを経て、上毛野の大首長も膝下の軍兵を率い、半島へ赴いた可能性を考えておきたい。榛名山噴火の洪水堆積物（角閃石《かくせんせき》安山岩）が利根川の河床を上げてしまうまで、このルートが上毛野にとっての西に接続する大動脈であったと考えられよう。

ただし、水の道を太平洋岸だけに限定する必要はない。弥生時代には主経路として機能した日本海側ルートも当然ながら存在していたのであり、渡来文物の東方移入にこちらのルートを推定する意見もつよい（高田二〇一四）。この方面の考古学的証拠を探索することも大きな課題である。

また馬匹《ばひつ》生産の開始後は、内陸側にプレ東山道ルートの整備がなされたと推定されているが（松尾二〇〇八）、このルートが前述の信濃や甲斐などの馬生産地や積石塚の所在地を結ぶものであることに注意が必要である。王権の梃入《てこい》れによって、輸送の安全や宿営地の確保など、馬の生産流通を巡る新たなネットワークが創出された可能性が指摘できよう。

小地域経営の確立

しかし、首長の大共立は五世紀半ばには終焉し、五世紀後半から列島各地の前方後円墳は小型化を辿る。ただし、ひとり古市・百舌鳥古墳群だけが巨大古墳の築造を継続する。大仙古墳はまさにこの時期のもので、以後雄略朝にかけて、倭王の権力が他の豪族をおさえて著しく上昇したことを教えている。しかし大仙古墳をピークとして畿内の古墳も小型化を歩み、巨大古墳築造競争も下火になる。

こうしたなか、上毛野でも興味深い現象が惹起する。五世紀前半の太田天神山古墳築造をピークに以後巨大前方後円墳は出現せず、五世紀中頃〜後半には一二〇メートル級を最大とする前方後円墳が複数乱立する。大首長の共立という社会様態が分解し、地域有力層が分立する以前の形に戻ったのである。しかし、それは単なる祖先帰りではなく、より優勢にかつ高密度に分立している（図50）。

既述のように小地域ごとの首長が、新たに渡来技術を得て地域経営に専心し、それが成功する状況が発生したのである。とくに、上毛野西部の榛名山東南麓に密度濃く古墳がみられ、経済成長のもとに人口の集中が起こったと考えられる。

裏を返せば、大首長の共立を背景にして、王権側から威信財を取得するために地域が結集する段階が終わり、先進ツールを取得した個別の首長が、それぞれに王権と結びつきを深め、地域経営に専心する段階にいたったのである。これは、埼玉県行田市の埼玉《さきたま》稲荷山《いなりやま》古墳出土鉄剣の銘文にみるように、地方豪族が上番《じょうばん》等で王権と直接結びつくような動きが成立したためである。

この時期の榛名山東南麓における前方後円墳の密集は、列島内でも特筆される過密さである（図54）。旧利根川水系西岸には前橋市遠見山《とおみやま》古墳や広瀬《ひろせ》弦巻塚《つるまきづか》古墳（いずれも八〇メートル級）が、井野川水系には岩鼻二子山古墳、不動山古墳とこれらにつづいて保渡田古墳群（二子山古墳、八幡塚古墳、薬師塚古墳）が形成された。碓氷川《うすいがわ》流域には平塚古墳（一〇五メートル）が、烏川東岸には上並榎稲荷山古墳（一二〇メートル）、小鶴巻古墳（八八メートル）が、鏑川南岸に宋永寺裏東塚古墳（五三メートル）が成立している。なお、前方後円墳が成立せず中型円墳が築造された例として、烏川西岸の姥山《うばやま》古墳（三〇メートル）、鏑川南岸の大山鬼塚古墳（規模不明）がある。また、おそらく榛名東麓の渋川地域にも火山灰に埋没した大型古墳が存在すると予想される。これらはおよそ二〇キロ圏内に併立したものであるが、その経済基盤は、広域用水系を整備した農業経営の成功とともに、馬匹生産などの新たな産業の振興にあったとみられよう。

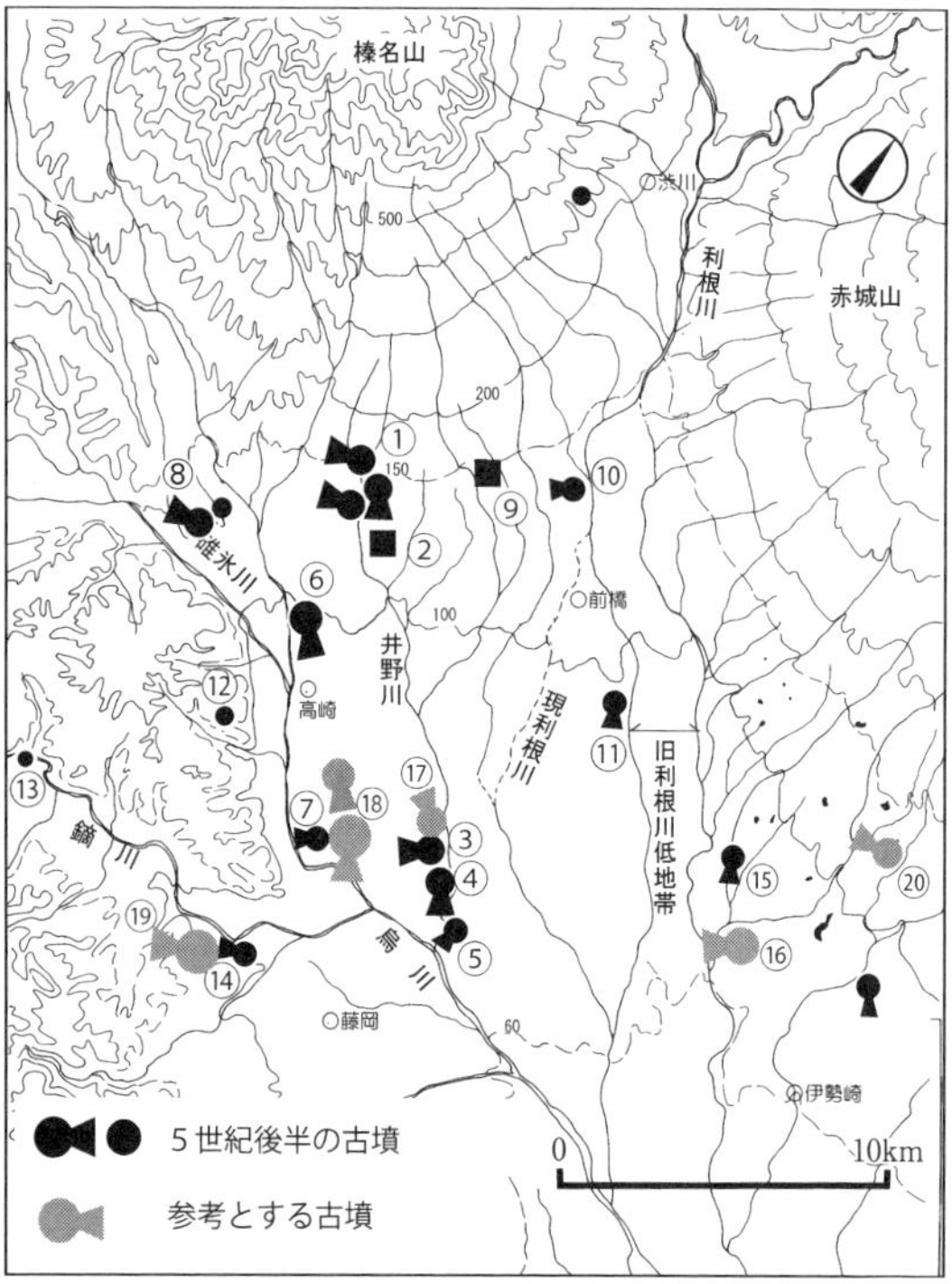

図54　榛名山東南麓の古墳（5世紀後半）
①保渡田，②三ツ寺（居館），③不動山，④岩鼻二子山，⑤若宮八幡北，⑥上並榎稲荷山，⑦小鶴巻，⑧平塚，⑨北谷（居館），⑩遠見山，⑪弦巻塚，⑫姥山，⑬大山鬼塚，⑭宗永寺裏東，⑮今井神社，（参考⑯御富士山，⑰綿貫観音山，⑱浅間山・大鶴巻，⑲七輿山，⑳前二子）

地域内秩序の形成

このなかでも井野川水系が優勢で、下流の岩鼻古墳群から、社会中心を上流に移し、保渡田古墳群が造営されたことはすでに述べた。墳丘規模は他の地域と変わりないが、古墳の属性の質・量において優れているのである。

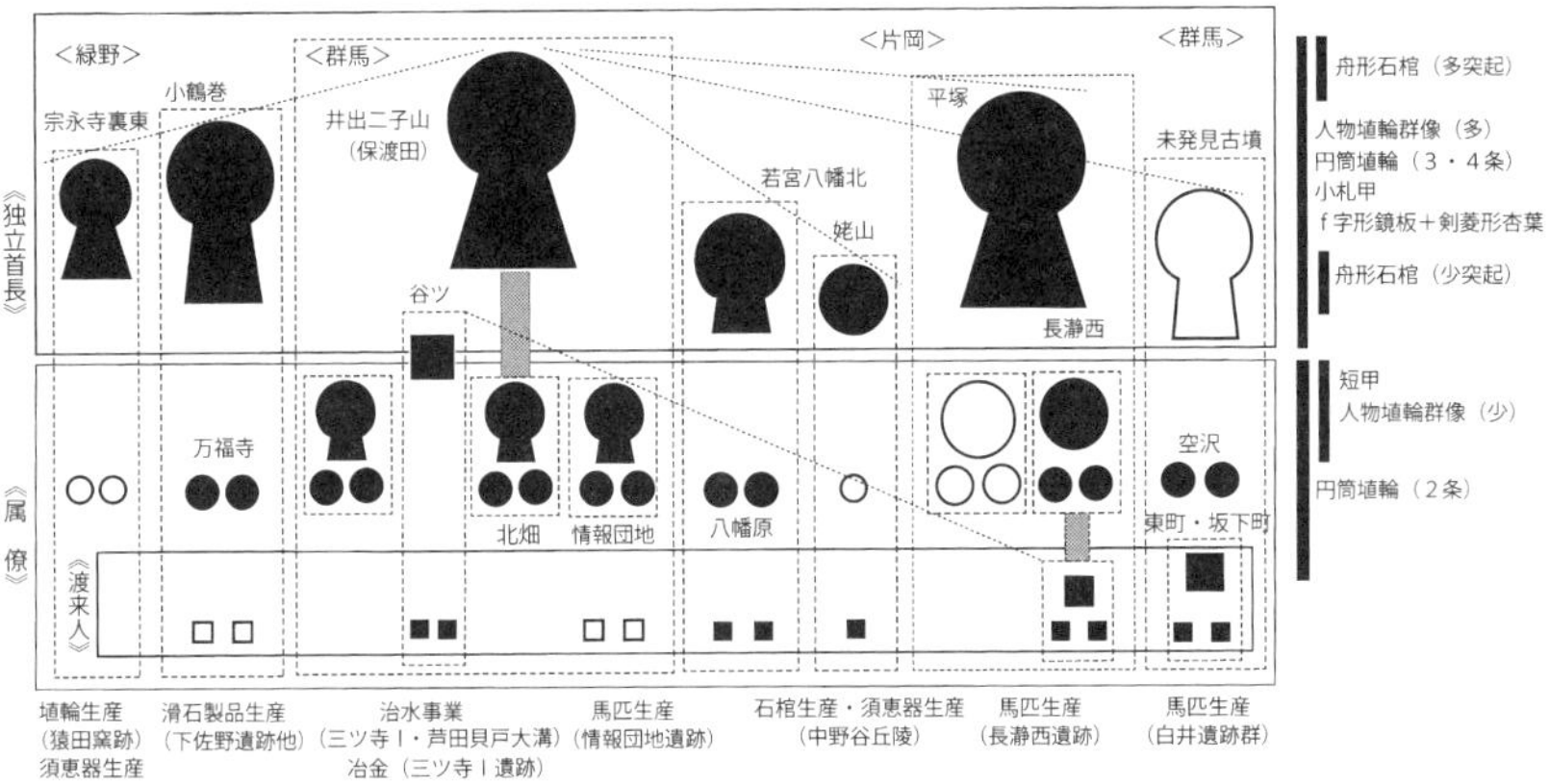

図55　上毛野における5世紀後半の秩序形成

図55は、この時期の上毛野西部地域の階層構造図である。

最上層の前方後円墳の埋葬施設には舟形石棺が採用され、四条五段や三条四段構成の大型円筒埴輪が大量に並べられ、多数の人物・動物埴輪が配置された。加えて、外表には葺石が全面に貼られ、荘厳な外観を呈する。これが首長墓の装備といえよう。

次に、エリア内の小地域を統べている小首長が存在する。それらは帆立貝形古墳や中型円墳を採用し、小ぶりの舟形石棺を用い、三条四段構成の大型・中型円筒埴輪を多く並べ、中量の人物・動物埴輪を配列している。このことから、一定量の人物・動物埴輪は大小首長の墓に採用されたものであることがわかる。これらの下位には、それぞれ群集墳が付属する。

興味深いのは、帆立貝形古墳や中型円墳のなかにも、石棺や一定量の人物埴輪をもつものの（a）とそうでないもの（b、図55の中段）があることだ。aは右に紹介したとおりだが、bの場合は、円筒埴輪も二条三段構成に格落ちし、総本数も少ない。すなわちaは小なりといえども独立の首長、bは前方後円墳被葬者配下の上位の属僚と考えられる。

群集墳には方墳が加わる場合がある。方墳は上毛野の場合、特別な職掌を墳形で体現したものであり、方形積石塚のように渡来人などの出自を内包している。首長配下には、ランクが分かれた下部機構が成長し、なかには職掌をもって奉仕する渡来人などが編成されていたのである。このモデルでみるように、石棺の規模と有無、円筒埴輪の突帯の数とサイズ・数量、人物埴輪群像のシーン数と個体数、葺石の量などで、墓制は序列化され、秩序立っていたことが明らかである。

前方後円墳被葬者間の関係

配下の集団に推戴された上位首長は、水利権などで結びついた集団関係を調停するとともに、外部との交流に際しての代表権をもつ存在であった。こうした首長が上毛野には併存していたわけだが、その首長間関係はどうであったのか。

その関係は、共有された舟形石棺の規格によってさらに差別化されていたことが知られる。石橋宏によれば、石棺には縄掛突起の数によって序列が明確に存在しており、王権中枢の長持形石棺にみられる短辺二突起、長辺二突起の2―2型式がもっとも上位で、突起数が減少するほど下位に位置づくという。この原理が舟形石棺にも通底しており、上毛野の場合、井出二子山古墳の2―2型式が最上位に位置し、その他の前方後円墳に1―2型式や2―0型式が、帆立貝型古墳・円墳に1―0型式や0―0型式が用いられる傾向がある（石橋二〇一三）。くわえて円筒埴輪の突帯本数と器高における序列もあり、突帯本数が減るほど下位の位置づけになる。なかでは、井出二子山古墳の五条六段、高さ八〇《チセン》の円筒埴輪が最高であり、これは五世紀後半において列島最大級の埴輪のひとつであった（山田二〇〇九）。こうしてみると、榛名山東南麓の各エリアの首長系列のなかでも保渡田古墳群が上位に位置づいていることが改めて確認できる。

以上のように、上毛野では五世紀後半に一〇〇《メートル》級前方後円墳を筆頭にした複数の首長系列が併存し、それぞれが墳丘規格や三ツ寺Ⅰ遺跡型の居館形式を共有して同族的な関係を取り結んでいたが、なかでも保渡田古墳群とりわけ初代の井出二子山古墳が相対的に優位であり、これを首班としてゆるやかな連合が形成されていたと結論づけられる。

図56　井出二子山古墳（高崎市教育委員会・かみつけの里博物館写真提供）

偉大な始祖王

首長間関係で優位にあった井出二子山古墳であるが、これまで検討してきた事象からみると、榛名山麓湧水源に進出し、渡来人の移入・水利経営・手工業勃興をはじめとする従来にない地域経営スタイルをこの地に誘引、実践したのは、まさにこの古墳の主であったと考えられる（図56）。三ツ寺Ⅰ遺跡を造営し、人物埴輪様式も導入した画期的な首長像が復元できる。その主導によって、あらたな経営システム（馬匹生産も含め）が上毛野に持ち込まれ、石棺秩序・埴輪秩序などがこの人物を基軸に形成されたのであろう。

保渡田古墳群では、初出の井出二子山古墳にのみ群集墳が付随している（図46）。古墳西隣の井出北畑遺跡・保渡田Ⅶ遺跡がそれであり、同時期および後続する五世紀から六世紀初頭の帆立貝形古墳・円墳が集中している。他の二古墳周囲にも調査はおよんでいるが、こちらには群集墳が付随しない。また、北畑遺跡には六世紀後半の群集墳も存在し、後々まで二子山古墳に寄り添って墓域を設けようとする後続集団がいたことが確かめられる。かつて白石太一郎が、奈良盆地の大型前方後円墳と群集墳の位置関係から、擬制的《ぎせいてき》な同祖同族関係が形成される過程を描いたように（白石一九七三）、井出二子山古墳の被葬者が、当地における始祖王として長く共同体に認知されていた（土生田二〇一一）ことが明らかである。

天下観と地方首長

ところで、埼玉県行田市に所在する埼玉稲荷山古墳出土の鉄剣には漢字一一五文字が金象嵌《きんぞうがん》されており、この剣を作らせた人物の累代の系譜と、雄略大王の宮殿で武人の長として仕えた奉事根源が刻まれている。この人物が北武蔵の豪族なのか、中央豪族がその配下の北武蔵の首長にこの剣を与えたかは、いまだに論争されているが、いずれにしても北武蔵の首長が中央に上番する制度が五世紀後半にあったことは疑いなかろう。

保渡田古墳群の南隣エリアには、剣崎長瀞西遺跡の渡来人を配下に従えた平塚古墳（約一〇五メートル）の首長が存在した。一帯は八幡《やわた》古墳群と称され、平塚につづいて八幡二子塚古墳（六六メートル、六世紀前半）、八幡観音塚古墳（一〇五メートル、六世紀末）へと首長系列が継続している（図18）。最後の巨石横穴式石室をもつ観音塚古墳は、優美な承台付銅鋺《うけだいつきどうわん》が出土したことで著名だが、副葬品のなかには一〇〇年ほど時期が古い画文帯神獣鏡《がもんたいしんじゅうきょう》も含まれていた。この鏡は埼玉稲荷山古墳出土鏡と同型であることが知られ、王権が五世紀後半に配布した象徴的な威信財と評価されている（川西二〇〇四）。したがって本鏡は平塚古墳の被葬者が受領し、後裔の首長に伝世したとみるのが自然であり（上野二〇一二）、平塚の被葬者が埼玉稲荷山古墳の被葬者同様、雄略大王の王権と繋がりをもったことを示唆している。むろん、平塚古墳を傘下に収めていた保渡田古墳群を首班とする首長連合も、王権と関わりを有したことは言うまでもなかろう。出土遺物の時期からみて、井出二子山古墳の被葬者は埼玉稲荷山古墳の被葬者と同世代人であると考えられる。これまでみてきた先進的経営システムの榛名山麓への移入は、王権中枢からソフトウェアを誘引することで成り立っており、上毛野と王権はきわめて強い関係性に根ざしていたと考えるべきである。

また、同時期の熊本県江田船山古墳出土鉄刀の銘文に「治天下獲□□□鹵大王世」の語が刻まれるように、雄略大王（大泊瀬幼武尊《おおはつせわかたけるのみこと》）は中国南朝の宋との外交によって大陸的な天下観を受容して、人制《ひとせい》（杖刀人《じょうとうじん》・典曹人《てんそうじん》）などに代表される原初的な官僚機構を形成し、専制的な体制の構築を志向しつつあった（吉村一九九三）。しかしながらそれがまだ磐石でなかったこの時期においては、各地の首長もその配下や近隣集団を編成することによって「小天下」を形成しつつあった可能性を考えておくべきだろう。

たとえば、六世紀前半に王権の命で半島に渡ろうとする近江毛野臣《おうみのけなのおみ》の軍を、北部九州の豪族を糾合して妨害した筑紫君磐井《つくしのきみいわい》の行動などにそうした志向が見て取れよう。このような、地域集団を結集する動きは、井出二子山古墳を筆頭にしたさまざまな秩序構成のなかにも見出すことできるのではないか。かかる地方の動きに対して、王権は吉備氏や筑紫氏の打倒などの勢力抑制を行い、屯倉《みやけ》設置や国造《くにのみやつこ》制・伴造《とものみやつこ》制の実施など、在地勢力の横の紐帯を分断するような政策が採られていくのである。

井出二子山古墳の膝下に芽生えた地域内秩序の形成は、このような波のなかで一過性に終わった。2―2突起型式の石棺も、五条突帯の大型円筒埴輪も、二子山古墳後継の八幡塚古墳には存在せず、2―1突起型式ならびに三条突帯の中型埴輪に格落ちしてしまう。王権の厚遇は、二子山古墳被葬者一代限りで終了したのである。

屯倉の設置と王権の伸長

やがて、六世紀前半には上毛野における榛名山東南麓の優位が崩れ、鏑川南岸の藤岡市に七輿山《ななこしやま》古墳（墳長一四五メートル）が成立する（図50・54）。東日本では古墳時代後期最大級の前方後円墳であり、愛知県名古屋市の断夫山《だんぷざん》古墳（一五〇メートル）ならびに大阪府高槻市の今城塚古墳（一九〇メートル）と相似墳形を採用している。これら三古墳には、いずれも多条突帯の大型円筒埴輪が伴う。今城塚古墳は継体《けいたい》大王の真陵、断夫山古墳は継体に妃を出した尾張連草香《おわりのむらじくさか》の墓と推定されている。その脈絡で捉えるならば、七輿山古墳の被葬者もまた継体大王を支えた東国の有力ブレーンであり、この時期の上毛野首長連合の首班であった可能性を指摘しておきたい。

　しかし、七輿山古墳以降、上毛野には墳長一二〇メートルを超える大古墳は造られておらず、一〇〇メートル内外以下の前方後円墳が令制下の郡域よりも狭いエリアに、均質的に営まれる状況に変質してしまう。欽明朝に相当する六世紀中葉から王権の影響力がより強化され、先に示したような在地大首長の輩出を実現しにくいシステムが構築されたことを示していると考えられよう。七輿山古墳の所在地は緑野郡《みどののぐん》にあたり、武蔵国造《むさしのくにのみやつこ》の位を巡る紛争ののちに「緑野屯倉」が設置された地（『紀』安閑二年）に該当する（図2）。これは、安閑元年に、武蔵の笠原直《かさはらのあたえ》一族が国造位をめぐって争い、片方が上毛野君小熊《おぐま》、片方が王権と繋がって対峙し、後者が勝利した事件にまつわるものだが、緑野屯倉の設置は、七輿山古墳勢力解体の政治動向と関連するだろう。

　加えて、高崎市山名町に所在する日本最古級の石碑、山上碑《やまのうえのひ》の碑文（辛巳年、六八一年建碑）からは、緑野屯倉の北隣にも「佐野三家《みやけ》（屯倉）」が設定されていたことが知られる。緑野・佐野両屯倉は、鏑川と烏川の合流地点を挟んだ南北にまたがっており、奈良時代の和銅四年（七一一）には、このエリアに甘楽《かんら》・片岡《かたおか》・緑野の三郡から六郷を割きとって多《た》胡《ご》郡が新設されている。

考古学的に多胡郡周辺一帯は、農業・紡織・窯業・冶金業が発達した上毛野有数の（つまりは東国有数の）富裕の地であったことが知られるが、それは緑野屯倉・佐野屯倉の経営が王権や中央氏族の技術的梃子入れによって成功したことが基盤にあったからに他ならない。上毛野は屯倉を介して、六世紀後半以降、王権の重要な経済基盤としても機能していったのである。

古墳はなぜそこに造られたのか

以上、保渡田古墳群の発掘調査成果と、上毛野における古墳の時間的な推移、古墳相互間の関係などを瞥見してきた。そこから、古墳という巨大構造物の技術的背景、倭王権との政治的関係、上毛野地域内での大首長の共立関係、地域経営ツールの獲得による小エリアの開発指向、といった社会状況を明らかにしてきた。つまり古墳とは、単なる首長の墓にとどまらず、そこに様々な社会の様相を投影する存在だったのである。また、埴輪などを通じて、古墳時代人の行動様式やメンタリティにも思いを致すことが可能であった。

古墳時代の社会にとって、古墳とはまさに「記念物」であった。ゆえに、その築造地や外観も政治的意味をもって企画されたのである。

古墳前期に上毛野の低湿地に移入した東海集団は、在来弥生人と交わりながら集団再編を推し進めた。開拓者のリーダーの墓である元島名将軍塚古墳は、在来者居住域の南限、移入者開発域の北端、まさにその接点に配置されている。両集団にとってすこぶる象徴的な立地が選定されているのである。

築造時に東日本最大であった浅間山古墳は、はるかヤマトから繋がる海・川の道を遡上した最上流の津（港）を臨む段丘上に選地され、物流を監督する支配者の意思が強く反映されていると推定される。初めて朝鮮半島へと出兵した上毛野の軍兵は、この古墳を仰ぎ見て船出したのかもしれない。

井出二子山古墳は、渡来人技術者とヤマトの先進技術を導入し、広域用水整備のために榛名山麓に拠点移動した古墳中期社会のシンボルとして計画された。古墳築造に集って協同するムラビトは、居館で執行される祭祀によっても意識の結集を強くし、開明的な首長の先導のもと、用水工事などの大開発に力を振るったに違いない。

　こうした古墳づくりはおそらく苦役ではなく、集団を代表する首長の死後の憑代として、宗教的な要素も併せ持つ共同体的事業として取り組まれたのではなかろうか。古墳とは「モニュメント」であるとともに「ランドマーク」としても機能したのである。

　このように、前・中期古墳の築造地は、その社会的必要性によって移動を繰り返すパターンが多くみられたが、中期後半ないし後期になると、墓域が固定化する事例が現れてくる。例えば、行田市埼玉古墳群や千葉県富津市内裏塚古墳群、前橋市総社古墳群のように。このころから首長の継承法が変化し、それまでの実力本意の共立から直系系譜による世襲制への転換などが指摘され（土生田二〇一二など）、そこに国造制と呼ばれる倭王権の地域支配システムや、氏姓制度の成立などが推定されている。こうして、民衆に推戴された英雄の時代が遠くなるに連れて、大きな墓・前方後円墳の象徴性は輝きを失ってゆき、国家や官僚制の成立と前後してその築造は停止するのである。

古墳時代首長の資質――エピローグ

ここまで、古墳時代社会の実像について、倭の文化的中心のひとつであった上毛野《かみつけの》地域を例にして述べてきた。集落・居館・耕地・古墳・手工業などを概観しながら、できるだけ多角的に紹介してきたが、それには榛名《はるな》山《さん》の火山噴出物によって一気に埋もれた遺跡群の考古学的情報が大いに役立ってきたわけである。

火山災害に倒れた首長

本書の執筆依頼を受けた頃、重要な発見があった。榛名山東麓、渋川市の金井《かない》東裏《ひがしうら》遺跡から、甲冑（小札甲《こざねよろい》）を着たままFA火砕流に倒れた男性骨が発見されたのである（図57）。それだけではない。周囲からは、乳幼児や、首飾りをした女性などの遺体も次々と

図57　火砕流に倒れた甲冑着装の男子（金井東裏遺跡，公益財団法人群馬県埋蔵文化財調査事業団写真提供）

検出された。さらに一帯には、噴火前に土器を大量に供えた祭祀場、円墳、各種建物、畑、人の足跡と馬蹄跡なども埋もれていた。まさにイタリアのポンペイ遺跡のように、火山災害に倒れた人々と周囲の痕跡がリアルに出現したのである（桜岡二〇一三、杉山他二〇一四）。遺跡は吾妻川《あがつまがわ》南岸にあり、対岸には次の噴火のFPで壊滅した黒井峯《くろいみね》遺跡が間近に見えている場所である（図14）。

　とくに重要なのは、甲冑着装の男性である。浅い溝に膝をつくように前のめりに倒れ、その先には鉄鏃《てつぞく》が散っていた。矢入れ具を持参していたのであろう。そこからすこし先にはもう一領の小札甲があったが、こちらは人が着ていた形跡はなく、別に携行されていたらしい。さらに、若干離れて鉄鉾《てつほこ》も出土した。

　甲冑と男性骨は、遺跡から土ごと切り取って整理室に持ち込まれ、九州大学田中良之教授らによる詳細な検出作業が行われた結果、当時の平均を上回る身長一六四センチの、渡来形質の屈強な熟年男性であることが解明された（群馬県教委二〇一七）。うつぶせになった顔の下には衝角付冑《しょうかくつきかぶと》があることも判明した。着装した甲は、多量の鉄の小札を組紐で綴《と》じて作った小札甲（挂甲《けいこう》）である。それまで主流だった短甲《たんこう》（大ぶりの鉄板を革や鋲《びょう》で留めたもの）よりも格段に手間のかかる仕様で、五世紀中頃に大陸から伝来した最新式の武具である。

短甲はひとつの古墳から複数出土することもあるが、小札甲は基本的に地域で最上層の首長墓から、一つの埋葬施設につき一領出土するのが基本だ。とくに導入期の五世紀には飛びぬけて貴重なものであり、倭王権から限られた首長に配布されたものであることは疑いない（内山二〇一一）。しかも、甲と冑をセットで所有しているとなれば、前方後円墳などの被葬者、すなわち地域首長その人とみなさなければならない。同時期の保渡田古墳群ならびに平塚古墳でも小札甲が検出されているが、いずれも一〇〇《メートル》級前方後円墳である。一方、同時期の第二ランクの円墳（たとえば高崎市若田《わかた》大塚《おおつか》古墳など）には小札甲がなく、旧式の短甲が所有されている。であるならば、渋川市の火山灰下のどこかに、将来この人物が埋葬される予定だった、造りかけの大型古墳が埋没している可能性すら想定される。

また、携行されていた方の小札甲には、鹿角製の小札を連ねた付属具がつけられていたことも判明した。この骨製のパーツは、百済の王都であった夢村土城の出土例が一例あるのみだといい、朝鮮半島との関係をもつ人物像も推定されてくる。

首長の武威

小札甲で武装した首長像のイメージとしては、有名な武人埴輪を思い起こせばよいだろう（表紙）。衝角付冑《しょうかくつきかぶと》、小札甲、肩甲《かたよろい》、籠手《こて》、臑当《すねあて》をつけ、胡籙を左腰に帯び、弓をもった姿、あるいは大刀を今まさに抜刀しようとする姿……。武人埴輪は、首長が最新の武器・武具を身にまとい、軍事行動を行ったことを象徴する偶像であり、ほとんどが大型古墳から出土する。その装いは、王者の武装であることが明らかだ。

しかも金井東裏遺跡からは、火砕流で流されてきた状態とみられる金銅製の剣菱形《けんびしがた》杏葉《ぎょうよう》も見つかった。馬の腰を飾る上級馬具であり、首長層の所有物であることは疑いない（杉山他二〇一四）。単品で検出されたところをみると、首長の馬が馬具をつけて引き出されており、これが火砕流によって吹き飛ばされた可能性も考えられるが、調査途上の中間報告であり、いずれ正式な所見が示されるであろう。

災害に立ち向かっていたのか逃げようとしていたのか。調査報告書によると、甲を着た人物は山の方に向かい、膝をついて倒れたと結論されている。このように、最期まで上級首長が火山災害の場で武装していた事実は特に重視されなくてはならないだろう。

この人物は、打ち続く噴火の予兆現象を経て、最初の噴火にともなう火山灰が積もった後、高価な贄《にえ》を持参するとともに、甲冑を着装し、弓矢を帯びて武威を示そうとした。しかし、つづいて発生した火砕流の猛威のまえに、ついに倒れることとなった。私はこのように想像しておきたい。

奈良時代に編纂された『常陸国風土記《ひたちのくにふどき》』には、行方郡《なめかた》（茨城県行方市一帯）の新田開発にまつわる次のような伝承が掲げられている。

継体《けいたい》天皇の御代、水源地の谷の新田開発が企図されたが、これを無数の「夜刀神《やとのかみ》」（蛇体の神）が邪魔をした。そこで、在地首長である箭括《やはず》の麻多智《またち》が甲冑を着け、矛を振るって切り払い、神と人の領域を宣言し、田の開発を断行した。

このように、荒ぶる神に対して武威を示し、集団を安んじることは首長の存在意義そのものであったと考えられよう。山が今日まで神として祀られているように、榛名山の鳴動変事は神の仕業と認識されていたはずである。これを恐れ敬い、贄や器物を供えて祭祀を重ねたにもかかわらず、ついに山の神が「荒ぶる神」に変じた時、首長は最終手段として武装し、対峙したのではないか。

保渡田古墳群の終焉と首長の断絶

古墳時代首長の権威は、その力を共同体に認知されることで維持されていた。古墳という巨大建造物は単なる墓ではなく、共同体と首長の関係をもとに構築される社会的な装置でもあった。これまで本書では、首長の諸活動を明らかにしてきたが、共同体に経済的な富をもたらすことが、まず最初に首長に期待された役割であったであろう。また、集団を武力で守護し、秩序を維持する軍事・警察権は、物理的な安全を保障する首長の機能として重要であったと考えられる。それと同時に、集団のメンタルケアもうひとつの重要な機能であっただろう。つまり、神々に祈り、自然災害を遠ざけ、集団に安寧をもたらす心理的安全の確保である。

この観点で再び保渡田古墳群を考えてみたい。二子山《ふたごやま》古墳・八幡塚《はちまんづか》古墳・薬師塚《やくしづか》古墳と三基の前方後円墳を築造したあと、六世紀前半の井野川《いのがわ》水系には前方後円墳がしばらく造られない状況がつづく。前方後円墳が復活するのは、中流に浜尻天王山《はまじりてんのうざん》古墳（約六〇メートル）・五霊神社《ごれいじんじゃ》古墳（約五〇メートル）、下流に綿貫観音山《わたぬきかんのんやま》古墳（九七メートル）・前山古墳（約六〇メートル）が築かれる六世紀後半になってからである（図50）。

井野川水系に古墳が低調な六世紀前半は、倭王権の王統存続の危機にあたって、越《こし》（福井県域）から迎えられた継体大王の時期であり、畿内では古市《ふるいち》・百舌鳥《もず》古墳群が衰微し、淀川北岸の三島《みしま》（高槻市一帯）に王墓の所在地が移るような社会変動がおこっている。また、これと同じ時期に、各地で首長墓系列が刷新されることが知られる（都出一九九九）。

保渡田古墳群の中断は、そうした全国的な政治情勢と連動する可能性もあるが、かたや隣接する首長領域である高崎市八幡台地《やわただいち》では、平塚古墳の後に八幡二子塚古墳が連続し、同じく前橋市総社《そうじゃ》一帯では遠見山《とおみやま》古墳から王山《おうやま》古墳へと継続するなど首長系譜と墓域が固定化する例もみられる。したがって、首長系列の一時断絶はどちらかといえば保渡田古墳群固有の事情に根ざしているようである。

その要因については、榛名山麓の火山被害によって広大な農耕域を失った経済的打撃に理由を求める考えが一般化している（たとえば右島二〇一〇）。微視的にみると、榛名山東南麓ではFA被災直後には農耕地は復興の試みがなされており、集落も継続するなど、集団は確実に継続している。よりダメージが大きかったのはそれにつづく洪水被害であり、噴火堆積物が形成した天然ダムの決壊等による泥流の被害で、耕地は広範に廃絶している。

保渡田古墳群最後の前方後円墳である薬師塚古墳は、FAを挟んで築造されている。発掘調査の結果では、幅がせまく断続的に掘られた外堀にFAが堆積しているものの、内堀の覆土ならびに墳丘盛土の下の表土にはFAがみられなかった。これは、最初に墓域設定のため外堀が掘削され、墳丘盛土工事が始まった途中でFAが降下、その後に内堀の掘削と残りの盛土工事が行われたことを示している。古墳には舟形石棺が運び込まれ、埴輪も並べられたので、完成したことは明らかだが、外堀を浚《さら》うことは行われず、FAがそのまま残されたのであろう。

大型古墳は首長の生前から着工されたという「寿陵」説（和田二〇一四）に立つと、薬師塚古墳の首長が就任してしばらく後に古墳は着工され、その後にFAによる甚大な被害をこうむったものの、首長は前方後円墳をなんとか完成させており、ただちに地域権力は解体したのではないことになる。ただし、先行する二古墳に比べて葺石《ふきいし》や埴輪の数量が大幅に減っており、噴火の影響で物資調達や人的動員に支障が生じたことが示唆される。

地域結合の一時解体と帆立貝形古墳

薬師塚古墳の完成以後も一帯の集落は継続する（坂口二〇〇一）が、泥流が水田地帯を覆った後は、前述のように大型前方後円墳の築造がしばらく停止してしまう。保渡田の一帯だけでなく、首長の経営領域である井野川流域全体に六世紀前半の前方後円墳が不在なのである。それが復活するのは、下流域の岩鼻《いわはな》古墳群に六世紀後半の綿貫観音山古墳などが出現するのを待たねばならない。

しかし六世紀前半の井野川流域に古墳がまったくないわけではない。この時期には中小の帆立貝形古墳が各所に出現するのである。榛名山東南麓扇状地に上芝《かみしば》古墳（一五メートル）、保渡田古墳群の北西隣地に保渡田Ⅶ遺跡一号墳（四〇メートル）、榛名山南麓の台地上に太子塚古墳（二五メートル）の築造が知られる。そして注意したいのが、これらの帆立貝形古墳に多数の人物・動物埴輪群像が保有され、後二者には三条四段構成円筒埴輪が配列されることだ。かつて保渡田古墳群の前方後円墳が存在した時、配下の中小の帆立貝形古墳（井《い》出北畑《できたばたけ》遺跡や高崎情報団地遺跡など）には、人物埴輪は少量しか配置されず、また一格落ちる二条三段構成円筒埴輪が並べられるにすぎなかった（図55）。しかし、六世紀前半には中小の帆立貝形古墳にも首長級の埴輪が保有され、格の上昇があったことを示すのである（図58）。

つまり、この地域の本来の在地支配者は、これらの帆立貝形古墳の被葬者層であったが、五世紀代には農業水利などの利害調整のため、その上に大首長が共立されていたのである。しかし、噴火後の泥流被害等によって農業水利が破たんしたことで調整役としての意味を喪失し、そのうえ神祭りに失敗して度重なる洪水災害まで招いてしまった大首長は、共同体の信望を失墜したであろう。このため連合は一時的に解消され、前方後円墳の新規築造が停止したとみられる。

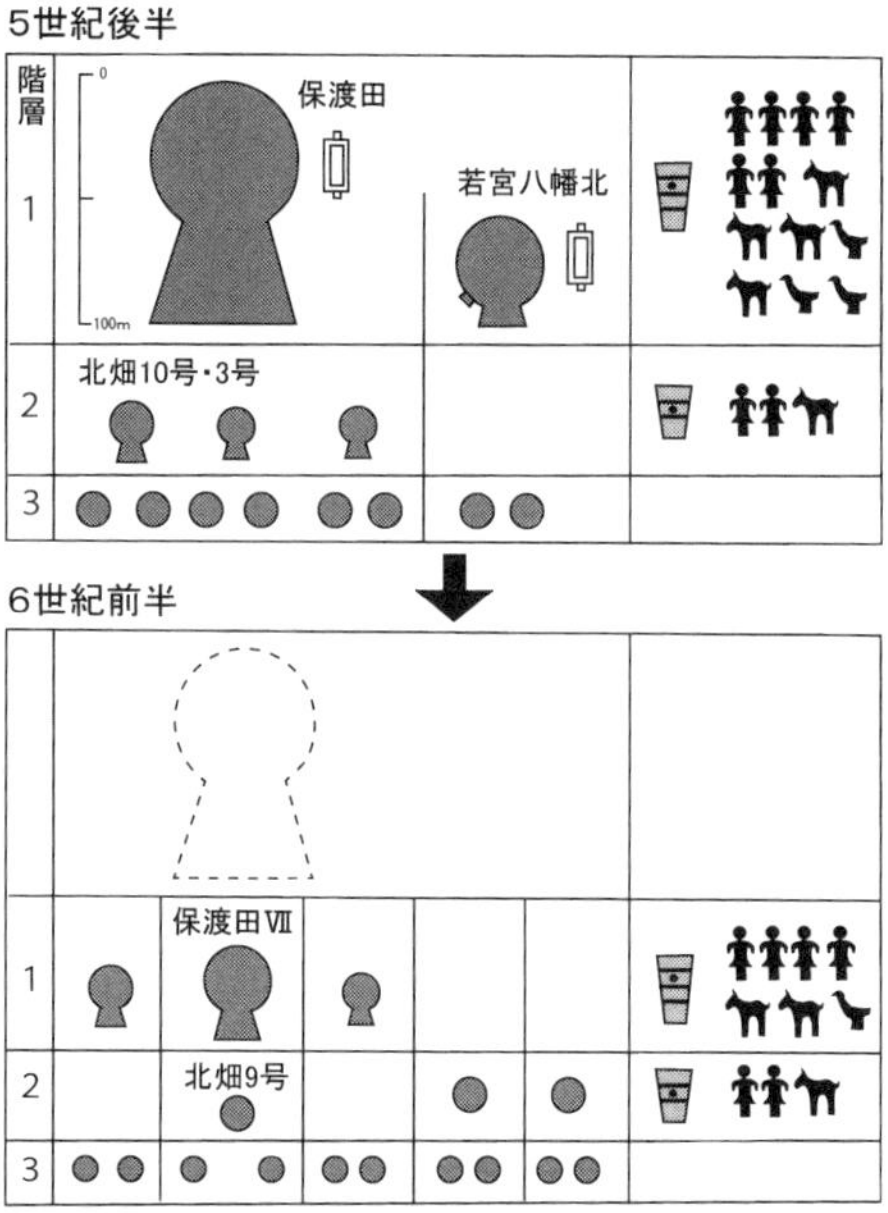

・前方後円墳の新たな造墓が停止．広域結合と大首長推戴の消滅
・前時期の第２階層が地域内の第１階層となり，多数の人物埴輪（首長権を象徴）と３条突帯円筒埴輪を装備

図58　首長権と埴輪の関係（モデル）

首長居館の三ツ寺《みつでら》Ｉ遺跡は、ＦＡ降下時には主要建物が建っており、建物跡の柱穴や竪穴建物の覆土にＦＡ一次堆積がみられないことから、噴火でも倒壊しなかったことが明らかである。また、ＦＡ後に石敷き祭祀場や井戸を浚った形跡がある（若狭二〇〇七）。この状況は、本遺跡の最後の主であろう薬師塚古墳の被葬者のライフサイクルに適合している。

しかし三ツ寺Ⅰ遺跡はほどなく廃棄され、共同体結集のための劇場ともいえるシンボリックな政治祭祀拠点は、ついに終焉を迎えた。これは、上述の集団結合の解体と見事に連動していると言える。

それに伴って傘下の帆立貝形古墳の被葬者は、地域の自立的な小経営者に回帰したのであろう。結果、従前は上位層に許されてきた人物埴輪群像を、これらの層が多く立て並べる資格を得たのである。人物埴輪群像は首長の生前行動の具象化であるから、地域首長に返り咲いた帆立貝形古墳の被葬者が、首長として多様な政治や祭祀を執行したことを人物埴輪群像が示唆しているのである。

古墳時代首長の基盤

このように考えると、前方後円墳に埋葬されるような古墳時代首長の存立基盤は意外に脆弱なものであり、小首長らの利害、経済ネットワークのあり方、宗教的心理作用などによって生起し、または解消されるものだったようである。各地の古墳の編年図（近藤義郎編『前方後円墳集成』など）をみると古墳の消長は激しく、こうした離合集散の実態を表すかのようである。ただしそのなかでも、五世紀後半以降長く首長系列が継続し、墓域が固定化する地域は、集団結合が強固であったことを示し、安定した農業水利権や産業構造、地域ネットワークを基盤として首長継承法が定立していたのであろう。

井野川流域で六世紀後半に前方後円墳が復活するのは、水系単位の広範な集団結合が再び成ったことが主たる理由であろうが、同様に途絶えていた前方後円墳が六世紀後半に半世紀以上を経て復活する地域がみられる（図50）。高崎市烏川《からすがわ》東岸の漆山《うるしやま》古墳（浅間山《せんげんやま》古墳・小鶴巻《こつるまき》古墳等に後続）、太田市北部の二ツ山《ふたつやま》古墳群（別所茶臼山《べつしょちゃうすやま》古墳・鶴山《つるやま》古墳に後続）、同市南西部の東矢島《ひがしやじま》古墳群（朝子塚《ちょうしづか》古墳、高林鶴巻《たかはやしつるまき》古墳群に後続）などである。また、六世紀後半になって新たに前方後円墳を成立させる地域もある。高崎市烏川西岸の山名伊勢《やまないせ》塚《づか》古墳、藤岡市の諏訪神社《すわじんじゃ》古墳、富岡市の桐渕《きりぶち》古墳群、邑楽《おうら》町の赤岩堂山《あかいわどうやま》古墳などが顕著であり、いずれも五〇～八〇《メートル》大の前方後円墳が新出する。

こうした、古墳後期後半からの土地の利用促進に関しては、白石太一郎が指摘したような皇親の部民である名代《なしろ》・子代《こしろ》の設置（白石一九九二）や、屯倉《みやけ》の設定などによって、王権との新たな関係が構築され、人的措置も含んだ技術移入がなされた可能性を考えるべきであろう。とくに、中型前方後円墳を含んであらたに形成が始まる古墳群は注意すべき存在であり、漆山古墳や山名伊勢塚古墳は、山上碑《やまのうえひ》（辛巳年《かのとみ》〈六八一〉に立碑）に存在が刻まれた佐野屯倉（図2）のエリアに存在する。また、諏訪神社古墳は、『紀』安閑紀に設置の記載がある緑野《みどの》屯倉比定地の南縁に立地する。

他にも、桐渕古墳群・一宮古墳群など富岡市域の古墳は、上野国一宮の貫前《ぬきさき》（抜鉾《ぬきほこ》）神社に近隣しており、祭神が物部《もののべ》氏の始祖神経《ふ》津《つ》主神《ぬしのかみ》であることから、物部氏を媒介とする屯倉が鏑川中流域に存在した可能性が考えられる（川原二〇〇五）。山上碑に後続して建てられた高崎市金井沢碑《かないざわひ》（神亀三年〈七二六〉）にも物部氏の名が刻まれており、西毛《せいもう》地域における物部氏の存在が強固であったことが知られる。これも、古墳時代後期の屯倉設置に関わる中央氏族との関係形成を窺わせる。すなわち六世紀後半からは、旧来の枠組みとは異なる王権主導の地方経営が顕在化し、国家形成への道のりが加速していくのである。

古墳時代首長の社会的使命

以上、本書では地域遺跡群の動態を詳しく探るなかから、古墳時代社会の実像を立体視できるように執筆した。巨大な前方後円墳を築造した首長は、地域の小首長、地域集団に共立され、彼らの利益代表者として、倭王権と関係した。首長は上番し、時には王権の一員として外征し、そこでの人脈形成によって渡来人ならびに新たなハードウェア、ソフトウェアを地域に誘引してきたのだ。畿内先進地の経営モデルに学びつつ、農業水利権を打ち立て、手工業生産を勃興させて富をもたらすとともに、神祭りを執行して集団結集を促し、新たな地域展開を図っていったのである。異なる領域を経営する首長の間にも緩やかな階層的関係が結ばれたが、膝下の小首長との関係と同様に、それは決して磐石ではなく、特に五世紀までは比較的流動的なものであった。

こうした社会的基盤の不安定さこそが古墳時代社会の特質であり、首長は、王権との関係をもとに威信財を呼び込む力や、地域の神々の名代とも言える宗教的権威を常にまとっておかねばならなかった。これは本格的な国家成立以前の社会様態を良く示している。このような古墳時代首長のあり方から想像するならば、火砕流に倒れた甲冑着装の首長は、その社会的地位を維持するためにも逃げなかった、いや逃げるわけにはいかなかったはずである。

あとがき

かつて博物館に勤務していた頃、来館者用の見学感想ノートに小学生の少女が次のように書いていた。

「古墳はきらいです。大ぜいの人をたたいて、ムリやりつくらせたから……」。

確かにこの頃の図説には、いかめしい兵士に監視され、暗い顔で古墳づくりを強制された人々が描かれていた。一九九〇年代頃には、幼い少女にまでそのような専制的な古墳観が浸透していたのである。

筆者は、保渡田八幡塚古墳の発掘調査で墳丘の葺石《ふきいし》を検出した際、大小のサイズもそろえず、間隔も空き放題のあまりにアバウトな施工状況に驚いた。これはムチ打たれるような強制された仕事でなく、精度を求める職人の仕事でもない。老若男女が体力や性格むき出しのままに古墳に貼り付け、参加することに意義があると言わんばかりである。この古墳に並べられた埴輪《はにわ》もそうである。少し気をつかえばきちんと仕上がるはずの突帯《とったい》も透孔《すかしこう》も、どこかで手が抜かれていて、質より量をこなしたとしか思えないのだ。

奴隷でもない首長膝下のムラ人を集めた古墳づくりは、主に農作業に支障がない農閑期に行われたであろう。一五〇〇年を経て、なお土山の原型を保っているのは、かなりの期間を要して完成した証である。上述の状況から、古墳は共同体のシンボルアイテムとして位置づけられ、決してムチ打たれることなく、むしろ神社の祭礼で御柱《みはしら》を曳《ひ》くように、その築造に人々はすすんで参加したのではないか。農閑期に共同体の事業に参加することで、首長からの再分配の恩恵がうけられる「社会システム」として機能していたからこそ、列島の北から南まで五〇〇〇基もの前方後円墳が造りえたのではなかろうか。

先の少女に応えたく、古墳とは何かを追いつづけてきたが、それには古墳だけではなく、ムラ人の暮らしや生業のあり方を知ることが不可欠である。幸い、筆者のフィールドは火山灰によって多様な遺跡がよく残されているので、それら遺跡群の研究成果を連結させ、「社会」を総合的に描き出すことに努めてきた。

首長が、先進の経営ツールを手に入れるために王権と連合し、渡来人などを移入して地域を刷新したこと、そうした経営を推進するための意識結集の装置として、壮大な居館・

祭場を設置したこと、経済力を高めて地位上昇を果たしていくムラ人たち、地域に富と安寧をもたらすリーダーとしての首長とそれを顕彰する存在としての古墳……。

このような観点で執筆することで、専制的に振舞う支配者像を離れて、集団の利益のために共立される首長像が本書で提示できたなら成功である。ただし、古墳時代も終盤になると、国家形成に向けて首長の立場は官僚的に変質し、民衆との乖離は進んでいっただろうが、それはまた別の機会に論じたい。

本書を成すにあたり、専修大学の土生田純之先生にはひとかたならぬご厚情を賜った。また右島和夫氏からは、数多くの御教示をいただいた。文末ながら心より感謝申し上げる。最後に、編集の労をとっていただいた吉川弘文館編集部の一寸木紀夫氏にお礼申し上げ、擱筆する。

二〇一四年八月

若狭　徹

参考・引用文献

新井　宏　二〇〇四「古墳築造企画と代制・結負制の基準尺度」『考古学雑誌』八八―三

東潮・田中俊明　一九九五『高句麗の歴史と遺跡』中央公論社

石井克己　一九九〇『黒井峯遺跡発掘調査報告書』子持村教育委員会

石井克己・梅沢重昭　一九九四『黒井峯遺跡』読売新聞社

石井克己　二〇〇六「榛名山東麓の六世紀の集落」『はるな30年物語』かみつけの里博物館

石井克己　二〇一四「集落研究における黒井峯遺跡と中組遺跡」『下総国戸籍　遺跡編』市川市

石橋　宏　二〇一三『古墳時代石棺秩序の復元的研究』六一書房

今尾文昭編　二〇〇五『水と祭祀の考古学』学生社

井上昌美・坂口一　二〇〇四「古墳時代馬の体高推定」『研究紀要』二二、群馬県埋蔵文化財調査事業団

上野祥史　二〇一二「金鈴塚古墳出土鏡と古墳時代後期の東国社会」『金鈴塚古墳研究』一、木更津市郷土博物館

内山敏行　一九九六「手持食器考」『Hominids』一、ＣＲＡ

内山敏行　二〇一一「小札甲（挂甲）―北関東西部における集中の意味―」『古墳時代毛野の実像』雄山閣

梅沢重昭　一九九九　「観音山古墳の設計・企画」『綿貫観音山古墳I』群馬県教育委員会
大塚昌彦　一九九六　「火山灰下の家屋」『考古学による日本歴史』一五、雄山閣
尾崎喜左雄　一九八〇　『上野三碑の研究』尾崎先生著書刊行会
加藤健吉　二〇〇二　『大和の豪族と渡来人』吉川弘文館
可児弘明　一九六六　『鵜飼』中公新書
亀田修一　二〇一二　「渡来人の東国移住と多胡郡建郡の背景」『多胡碑が語る古代日本と渡来人』吉川弘文館
亀田修一　二〇一三　「渡来人」『古墳時代研究の現状と課題』下、同成社
川西宏幸　二〇〇四　『同型鏡とワカタケル』同成社
川原秀夫　二〇〇五　「上野における氏族の分布とその動向」『装飾付大刀と後期古墳』島根県古代文化センター
岸本直文編　二〇一〇　『史跡で読む日本の歴史二　古墳の時代』吉川弘文館
工楽善通　一九九一　『水田の考古学』東京大学出版会
黒田　晃　二〇〇〇　「剣崎長瀞西遺跡と渡来人」『高崎市史研究』一二
群馬県教育委員会　二〇一七　『金井東裏遺跡—甲装着人骨等詳細調査報告書』
小泉袈裟勝　一九七七　『ものさし』法政大学出版局
小林正史編　二〇一一　『土器使用痕跡研究』小林正史（北陸学院大学）
近藤義郎編　一九九二　『前方後円墳集成』全五巻、山川出版社

酒井清治　二〇一三　『土器から見た古墳時代の日韓交流』同成社
坂口　一　二〇〇一　「三ツ寺Ⅰ遺跡の周辺とムラ」『群馬町誌　通史編　上』群馬町誌刊行委員会
阪口　豊　一九八九　『尾瀬ヶ原の自然史』中公新書
桜岡正信　二〇一三　「甲を着た古墳人の出現」『群馬文化』三一六、群馬県地域文化研究協議会
佐々木憲一・小杉康・朽木量・菱田哲郎・若狭徹　二〇一一　『はじめて学ぶ考古学』有斐閣
笹森紀己子　一九八二　「かまど出現の背景」『古代』七二、早稲田大学考古学会
白石太一郎　一九七三　「大型古墳と群集墳」『考古学論攷』二、奈良県立橿原考古学研究所
白石太一郎・杉山晋作・車崎正彦　一九八四　「群馬県お富士山古墳所在の長持形石棺」『国立歴史民俗
　博物館研究報告』三
白石太一郎　一九九二　「関東の後期大型前方後円墳」『国立歴史民俗博物館研究報告』四四
白石太一郎　二〇〇七　『東国の古墳と古代史』学生社
下城正他　一九八八　『三ツ寺Ⅰ遺跡』群馬県埋蔵文化財調査事業団
志村　哲　一九九九　「藤岡産埴輪が供給された前方後円墳」『考古学ジャーナル』四四三
杉井　健　二〇〇五　「古墳時代集落研究序説」『待兼山考古学論集』大阪大学文学部考古学研究室
杉井　健　二〇一〇　「首長居館と集落・生活」『史跡で読む日本の歴史二　古墳の時代』吉川弘文館
杉山秀宏・桜岡正信・友広哲也・徳江秀夫　二〇一四　「群馬県渋川市金井東裏遺跡の発掘調査概要」
　『日本考古学』三八、日本考古学協会
関口修他　一九九一　『上並榎下松遺跡』高崎市教育委員会

関口功一　二〇〇七　『東国の古代氏族』岩田書院
早田　勉　一九九三　「古墳時代におこった榛名山二ッ岳の噴火」『火山灰考古学』古今書院
高田貫太　二〇一四　『古墳時代の日朝関係』吉川弘文館
田口一郎　一九九八　「下芝・谷ツ古墳の飾履が提起する問題」『日本考古学協会第六四回総会研究発表要旨』
田中史生　二〇〇五　『倭国と渡来人』吉川弘文館
都出比呂志　一九九一　「日本古代の国家形成論序説―前方後円墳体制の提唱―」『日本史研究』三四三
都出比呂志　一九九九　『古墳時代首長系譜変動パターンの比較研究』大阪大学文学部
外山政子　一九九一　「三ツ寺Ⅱ遺跡のカマドと煮炊」『三ツ寺Ⅱ遺跡』群馬県埋蔵文化財調査事業団
西山克己　二〇一三　『シナノにおける古墳時代社会の発展から律令期の展望』雄山閣
能登　健　一九九一　「畑作農耕」『古墳時代の研究』四、雄山閣
花田勝広　二〇〇二　『古代の鉄器生産と渡来人』雄山閣
土生田純之　二〇〇六　『古墳時代の政治と社会』吉川弘文館
土生田純之　二〇〇八　「古墳時代の実像」『古墳時代の実像』吉川弘文館
土生田純之　二〇一〇　「東日本の無袖石室」『東日本の無袖横穴式石室』雄山閣
土生田純之　二〇一一　『古墳』吉川弘文館
土生田純之　二〇一二　「首長墳」『古墳時代研究の現状と課題』下、同成社
土生田純之・高崎市編　二〇一二　『多胡碑が語る古代日本と渡来人』吉川弘文館

原田恒弘・能登建　一九八四「火山災害の季節」『群馬県立歴史博物館紀要』五
坂靖・青柳泰介　二〇一一『葛城の王都・南郷遺跡群』新泉社
坂靖　二〇〇八『古墳時代の遺跡学』雄山閣
樋上昇　二〇一〇『木製品から考える地域社会』雄山閣
菱田哲郎　二〇〇七『古代日本国家形成の考古学』京都大学学術出版会
平川南　二〇〇三『古代地方木簡の研究』吉川弘文館
広瀬和雄　二〇〇〇「耕地の開発」『古代史の論点一　環境と食料生産』小学館
広瀬和雄　二〇一〇『カミ観念と古代国家』角川書店
福島武雄他　一九三二「八幡塚古墳」『群馬県史跡名勝天然記念物調査報告』三
藤野一之　二〇〇七「古墳時代における藤岡産須恵器の基礎的研究」『群馬考古学手帳』一七
藤原哲　二〇一三「『日本書紀』戦闘記述における考古学を用いた批判的検討」『古代学研究』一九八
穂積裕昌　二〇一二『古墳時代の喪葬と祭祀』雄山閣
前沢和之　一九九二「豊城入彦命系譜と上毛野地域」『国立歴史民俗博物館研究報告』四四
松尾昌彦　二〇〇八「古墳時代の東国経営」『古墳時代の実像』吉川弘文館
松田真一　一九九四「金銅製飾履の系譜と展開」『橿原考古学研究所論集』第一二、吉川弘文館
右島和夫　一九九〇「古墳から見た五・六世紀の上野地域」『古代文化』四二―七、古代学協会
右島和夫　二〇一〇「保渡田古墳群と六世紀初頭の榛名山噴火」『近藤義雄先生卒寿記念論集』

水野正好　一九七一　「埴輪芸能論」『古代の日本』二、角川書店
山田俊輔　二〇〇九　「井出二子山古墳の埴輪」『史跡保渡田古墳群　井出二子山古墳』高崎市教育委員会
柳沢一男　二〇〇二　「日本における横穴式石室受容の一側面」『清渓史学』一六・一七、韓国精神文化研究院
弓場紀知　二〇〇五　『古代祭祀とシルクロードの終着地　沖ノ島』新泉社
吉村武彦　一九九三　「倭国と大和王権」『岩波講座日本通史』二、岩波書店
若狭　徹　二〇〇〇　「人物埴輪再考」『史跡保渡田八幡塚古墳』群馬町教育委員会
若狭　徹　二〇〇四　『古墳時代の地域社会復元―三ツ寺Ⅰ遺跡―』新泉社
若狭　徹　二〇〇七　『古墳時代の水利社会研究』学生社
若狭　徹　二〇〇九　『もっと知りたいはにわの世界』東京美術
若狭　徹　二〇一一a　「中期の上毛野」『古墳時代毛野の実像』雄山閣
若狭　徹　二〇一一b　「上毛野における五世紀の渡来人集団」『古墳時代毛野の実像』雄山閣
若狭　徹　二〇一二　「農業」『古墳時代研究の現状と課題』下、同成社
若狭　徹　二〇一三b　「耕地開発と集団関係の再編」『古墳時代の考古学』二、同成社
若狭　徹　二〇一三a　『古墳時代ガイドブック』新泉社
和田晴吾　二〇一四　『古墳時代の葬制と他界観』吉川弘文館

著者紹介

一九六二年、長野県に生まれ、群馬県で育つ
一九八五年、明治大学文学部史学地理学科卒業
高崎市教育委員会文化財保護課長を経て、
現在、明治大学文学部専任准教授、博士(史学)、
浜田青陵賞・藤森栄一賞・古代歴史文化賞受賞

主要著書

『古墳時代の地域社会復元―三ツ寺Ⅰ遺跡』(新泉社、二〇〇四年)
『古墳時代の水利社会研究』(学生社、二〇〇七年)
『もっと知りたいはにわの世界』(東京美術、二〇〇九年)
『ビジュアル版　古墳時代ガイドブック』(新泉社、二〇一三年)
『はじめて学ぶ考古学』(共著、有斐閣、二〇一一年)
『前方後円墳と東国社会』(古代の東国1、吉川弘文館、二〇一七年)

歴史文化ライブラリー
394

東国から読み解く古墳時代

二〇一五年(平成二十七)二月一日　第一刷発行
二〇一八年(平成三十)二月十日　第三刷発行

著者　若《わ》狭《か》《さ》徹《とおる》
発行者　吉川道郎
発行所　株式会社 吉川弘文館
東京都文京区本郷七丁目二番八号
郵便番号一一三―〇〇三三
電話〇三―三八一三―九一五一〈代表〉
振替口座〇〇一〇〇―五―二四四
http://www.yoshikawa-k.co.jp/

印刷＝株式会社 平文社
製本＝ナショナル製本協同組合
装幀＝清水良洋・宮崎萌美

ISBN978-4-642-05794-3

歴史文化ライブラリー

1996.10

刊行のことば

現今の日本および国際社会は、さまざまな面で大変動の時代を迎えておりますが、近づきつつある二十一世紀は人類史の到達点として、物質的な繁栄のみならず文化や自然・社会環境を謳歌できる平和な社会でなければなりません。しかしながら高度成長・技術革新にともなう急激な変貌は「自己本位な刹那主義」の風潮を生みだし、先人が築いてきた歴史や文化に学ぶ余裕もなく、いまだ明るい人類の将来が展望できていないようにも見えます。このような状況を踏まえ、よりよい二十一世紀社会を築くために、人類誕生から現在に至る「人類の遺産・教訓」としてのあらゆる分野の歴史と文化を「歴史文化ライブラリー」として刊行することといたしました。

小社は、安政四年（一八五七）の創業以来、一貫して歴史学を中心とした専門出版社として書籍を刊行しつづけてまいりました。その経験を生かし、学問成果にもとづいた本叢書を刊行し社会的要請に応えて行きたいと考えております。

現代は、マスメディアが発達した高度情報化社会といわれますが、私どもはあくまでも活字を主体とした出版こそ、ものの本質を考える基礎と信じ、本叢書をとおして社会に訴えてまいりたいと思います。これから生まれでる一冊一冊が、それぞれの読者を知的冒険の旅へと誘い、希望に満ちた人類の未来を構築する糧となれば幸いです。

吉川弘文館

歴史文化ライブラリー

考古学

タネをまく縄文人 最新科学が覆す農耕の起源――小畑弘己
農耕の起源を探る イネの来た道――宮本一夫
O脚だったかもしれない縄文人 人骨は語る――谷畑美帆
老人と子供の考古学――山田康弘
〈新〉弥生時代 五〇〇年早かった水田稲作――藤尾慎一郎
交流する弥生人 金印国家群の時代の生活誌――高倉洋彰
文明に抗した弥生の人びと――寺前直人
樹木と暮らす古代人 木製品が語る弥生・古墳時代――樋上　昇
古　墳――土生田純之
東国から読み解く古墳時代――若狭　徹
神と死者の考古学 古代のまつりと信仰――笹生　衛
土木技術の古代史――青木　敬
国分寺の誕生 古代日本の国家プロジェクト――須田　勉
銭の考古学――鈴木公雄

古代史

邪馬台国　魏使が歩いた道――丸山雍成
邪馬台国の滅亡 大和王権の征服戦争――若井敏明
日本語の誕生 古代の文字と表記――沖森卓也
日本国号の歴史――小林敏男
古事記のひみつ 歴史書の成立――三浦佑之
日本神話を語ろう イザナキ・イザナミの物語――中村修也
東アジアの日本書紀 歴史書の誕生――遠藤慶太
〈聖徳太子〉の誕生――大山誠一
倭国と渡来人 交錯する「内」と「外」――田中史生
大和の豪族と渡来人 葛城・蘇我氏と大伴・物部氏――加藤謙吉
白村江の真実　新羅王・金春秋の策略――中村修也
よみがえる古代山城 国際戦争と防衛ライン――向井一雄
よみがえる古代の港 古地形を復元する――石村　智
古代豪族と武士の誕生――森　公章
飛鳥の宮と藤原京 よみがえる古代王宮――林部　均
出雲国誕生――大橋泰夫
古代出雲――前田晴人
エミシ・エゾからアイヌへ――児島恭子
古代の皇位継承 天武系皇統は実在したか――遠山美都男
持統女帝と皇位継承――倉本一宏
古代天皇家の婚姻戦略――荒木敏夫
高松塚・キトラ古墳の謎――山本忠尚
壬申の乱を読み解く――早川万年
家族の古代史 恋愛・結婚・子育て――梅村恵子
万葉集と古代史――直木孝次郎
地方官人たちの古代史 律令国家を支えた人びと――中村順昭

歴史文化ライブラリー

古代の都はどうつくられたか 中国・日本・朝鮮・渤海──吉田　歓
平城京に暮らす 天平びとの泣き笑い──馬場　基
平城京の住宅事情 貴族はどこに住んだのか──近江俊秀
すべての道は平城京へ 古代国家の〈支配の道〉──市　大樹
都はなぜ移るのか 遷都の古代史──仁藤敦史
聖武天皇が造った都 難波宮・恭仁宮・紫香楽宮──小笠原好彦
天皇側近たちの奈良時代──十川陽一
悲運の遣唐僧 円載の数奇な生涯──佐伯有清
遣唐使の見た中国──古瀬奈津子
古代の女性官僚 女官の出世・結婚・引退──伊集院葉子
平安朝　女性のライフサイクル──服藤早苗
平安京のニオイ──安田政彦
平安京の災害史 都市の危機と再生──北村優季
平安京はいらなかった 古代の夢を喰らう中世──桃崎有一郎
天台仏教と平安朝文人──後藤昭雄
藤原摂関家の誕生 平安時代史の扉──米田雄介
安倍晴明 陰陽師たちの平安時代──繁田信一
平安時代の死刑 なぜ避けられたのか──戸川　点
古代の神社と祭り──三宅和朗
時間の古代史 霊鬼の夜、秩序の昼──三宅和朗

民俗学・人類学

日本人の誕生 人類はるかなる旅──埴原和郎
倭人への道 人骨の謎を追って──中橋孝博
神々の原像 祭祀の小宇宙──新谷尚紀
女人禁制──鈴木正崇
役行者と修験道の歴史──宮家　準
鬼の復権──萩原秀三郎
幽霊　近世都市が生み出した化物──髙岡弘幸
雑穀を旅する──増田昭子
川は誰のものか 人と環境の民俗学──菅　豊
名づけの民俗学 地名・人名はどう命名されてきたか──田中宣一
番と衆 日本社会の東と西──福田アジオ
記憶すること・記録すること 聞き書き論ノート──香月洋一郎
番茶と日本人──中村羊一郎
踊りの宇宙 日本の民族芸能──三隅治雄
柳田国男 その生涯と思想──川田　稔
海のモンゴロイド ポリネシア人の祖先をもとめて──片山一道

各冊一七〇〇円〜二〇〇〇円（いずれも税別）
▽残部僅少の書目も掲載してあります。品切の節はご容赦下さい。
▽品切書目の一部について、オンデマンド版の販売も開始しました。
詳しくは出版図書目録、または小社ホームページをご覧下さい。